本书系山东省文化旅游研究课题“山东省民俗类非物质文化遗产的旅游产品开发”（24WLZX05032）的研究成果；本书系山东省社会科学研究课题“数字化在黄河流域生态旅游中的应用”（HLB20240719）的研究成果；本书系2024年度山东省社会科学规划研究专项课题“山东省民俗类非物质文化遗产保护与传承研究”的研究成果；本书系山东省文旅融合发展研究课题“山东省传统技艺类非物质文化遗产的旅游开发研究”（24WLZX05030）的研究成果

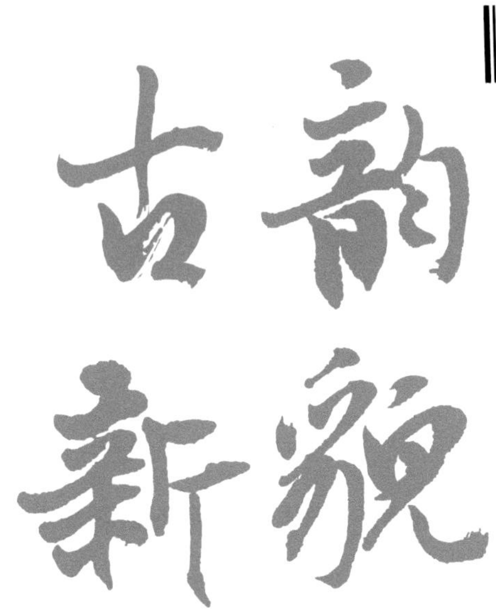

古韵新貌

山东民俗非遗的创新发展

邹奇志 ◎ 著

中国财经出版传媒集团

经济科学出版社
Economic Science Press
·北 京·

图书在版编目（CIP）数据

古韵新貌 ：山东民俗非遗的创新发展 / 邹奇志著 . 北京 ：经济科学出版社，2024. 11. -- ISBN 978 - 7 - 5218 - 6449 - 6

Ⅰ. K892. 452

中国国家版本馆 CIP 数据核字第 20249DD628 号

责任编辑：李一心
责任校对：孙　晨
责任印制：范　艳

古韵新貌：山东民俗非遗的创新发展

邹奇志　著

经济科学出版社出版、发行　新华书店经销

社址：北京市海淀区阜成路甲 28 号　邮编：100142

总编部电话：010 - 88191217　发行部电话：010 - 88191522

网址：www. esp. com. cn

电子邮箱：esp@ esp. com. cn

天猫网店：经济科学出版社旗舰店

网址：http：//jjkxcbs. tmall. com

北京联兴盛业印刷股份有限公司印装

710 × 1000　16 开　15. 75 印张　220000 字

2024 年 11 月第 1 版　2024 年 11 月第 1 次印刷

ISBN 978 - 7 - 5218 - 6449 - 6　定价：85. 00 元

前　言

非物质文化遗产（以下简称“非遗”）是中华优秀传统文化的重要组成部分，民俗文化作为非遗的主要类型之一，是我国古代劳动人民在日常生活和生产活动中，长期积累的经验和智慧的结晶，是中华文化传承的重要载体，也是一种重要的旅游资源。

近年来，伴随着我国旅游消费的升级，非遗和旅游的深度融合成为旅游业新的增长点和发展趋势。其不仅能够充分激发非遗的生机和活力，为非遗的活态保护和传承提供了必要条件，也极大地丰富了旅游的文化内涵。2023 年，我国文化和旅游部发布了《关于推动非物质文化遗产与旅游深度融合发展的通知》，要求在对非遗进行有效保护的前提下，不断推动非遗与旅游在更广范围、更深层次、更高水平上进行深度融合。

山东省非遗资源丰富，尤其是民俗类非遗项目独具魅力，是非遗和旅游业深度融合的绝佳载体。2023 年，山东省委、山东省人民政府发布了《关于促进文旅深度融合推动旅游业高质量发展的意见》，明确了文旅融合的目标，确立了文旅融合的战略方针。在此背景下，本书的出版可谓恰逢其时。

本书共分为九章，第一章重点对民俗文化的概念、类型、特征、内容和功能进行了介绍；第二章对山东民俗类非遗项目的历史沿革、类型、分布进行了梳理；第三章对民俗类非遗项目的保护与开发原则、路径、挑战进行了分析；第四章至第八章结合具体案例，分别对山东生产民俗类非遗项目、集贸民俗类非遗项目、饮食民俗类非遗项目、节日民俗类非遗项目、游艺民俗类非遗项目的概况及创新进行了详细分析；第九章对山东民俗类非遗项目面临的挑战与对策进行了详细分析。

本书的特点主要体现在三个方面：首先，本书对山东省国家级、省级、市级民俗类非遗项目进行了全面、系统的梳理，构建了科学完整的区域民俗类非遗项目体系，为山东民俗类非遗与旅游的深度融合提供了重要的参考价值和实践意义。其次，本书对山东生产民俗、集贸民俗、饮食民俗、节日民俗、游艺民俗等多种非遗项目进行了分门别类的详细阐释，通过深入挖掘各类非遗项目的文化内涵和历史背景，展现了山东丰富多彩的民俗风情。同时，结合实际案例，对山东民俗类非遗与旅游的融合现状进行了全面而深入的分析。最后，本书结合实践，深入分析了山东民俗类非遗与旅游深度融合过程中所面临的挑战，并提出了相应的对策，为相关从业人员和决策者提供了宝贵的参考和借鉴。

本书调查翔实、案例充足、剖析全面、兼具理论深度和实践价值，既适合专业人士阅读，也适合对旅游业和非遗文化感兴趣的普通读者阅读。

在本书的创作过程中，笔者的同事、亲友为本书的写作提供了巨大的精神和学术支持，提出了许多宝贵的建议，青岛恒星科技学院陈国泉老师为本书提供了图片，在此一并表示感谢。由于时间、水平有限，书中难免存在疏漏之处，恳请广大读者批评指正，以便笔者在未来的研究中不断完善和提高。最后，希望这本书能够成为连接专业人士与普通读者的桥梁，让更多人了解、关注并参与到民俗非遗与旅游的深度融合中来，为旅游业的发展注入新的活力。

2024年8月

目录

contents

第一章　绪　　论

第一节　民俗文化概述

民俗文化是一个国家或地区的源头和灵魂，其在形成和发展中造就了一方水土的精神，也造就了一方人民的人文性格。本节主要对民俗文化的相关概念与内涵进行概述。

一、民俗文化的形成、流变与消亡

民俗，即民间的风俗，是指人们传承文化中最贴近身心和生活的一种文化，是民众的风俗习惯。[①] 民俗文化则是民间民众的风俗生活文化的总称。

（一）民俗文化的形成

民俗的形成，是一个极其复杂的过程，存在一定的偶然性和必然性，受到许多因素的影响与制约（见图 1 – 1）。

---

① 梁起峰．中国传统节日的文化价值研究［M］．北京：北京工业大学出版社，2023：145.

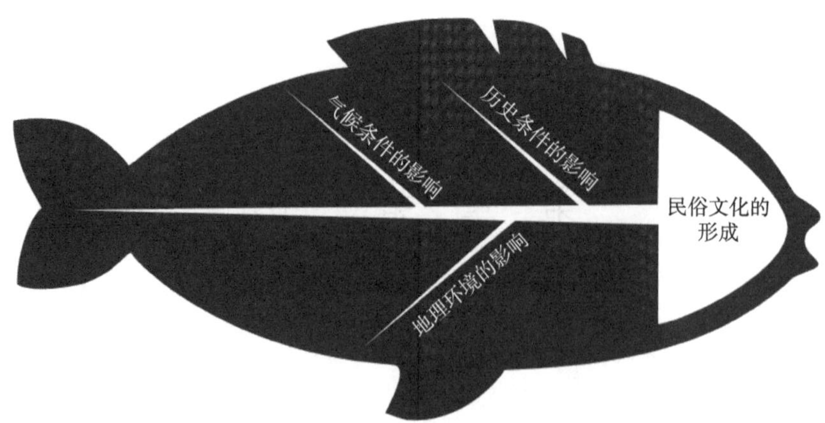

图 1-1　民俗文化形成的影响因素示意图

1. 历史条件的影响

不同国家或地区的历史发展进程不同，人民群众在创造物质文明和精神文明的过程中所使用的工具不同，所创造的政治制度、思想意识也不相同，造成的社会发展进程存在差异，久而久之就形成了不同的民俗。

例如，伴随着社会生产力的提高，社会生产方式也相应地发生变化。这种变化会催生民俗活动的诞生或变革。山东章丘一带的铁匠习俗即是伴随着冶铁技术的发展而产生的。

又如，民俗的形成往往涉及重要历史人物。端午节（屈原故里端午习俗）即是一种因历史人物而诞生的民俗。山东曲阜的祭孔大典，就是因儒家先贤孔子而诞生的非遗民俗。

此外，朝代的更替、政策的改变、战争与和平的交替等都会促使民俗发生相应的变化，形成不同国家和地区各式各样的风俗。

2. 地理环境的影响

山川、河流、气候等自然地理条件对民俗有着深刻的影响。现实生活中，山区与平原、沿海与内陆的民俗差异往往与自然环境的不同密切相关。

例如，沿海地区受海洋影响，气候温和湿润，降水充沛。海洋为居民提供了丰富的水产资源，沿岸渔民依海而生，在海上开展生产活动，久而久之形成了独特的与海洋密切相关的民俗。

山东省日照市、荣成市、即墨一带三面临海，当地的开洋节与谢洋节，即属于受地理环境影响而产生的特殊民俗活动。

又如，山东泰安一带地势复杂，拥有山地、丘陵、平原等多种地貌类型，其中泰山作为五岳之首，雄踞市域北部，对当地民众的生活和文化产生了深远影响。数千年来，泰安民众依山而生，逐渐形成了以泰山为主题的、丰富多彩的民俗文化活动。

3. 气候条件的影响

气候对民俗的诞生和传承有着极其深远的影响，长期的气候条件塑造了人们的生产和生活方式，进而形成了与气候相适应的民俗传统。例如，农耕民族会根据气候变化来安排农事活动，形成了一系列与农业生产相关的民俗习惯。

此外，不同季节的气候变化对人们的生产和生活方式产生直接影响，进而形成与季节相关的民俗活动。例如，春节、中秋节等传统节日的庆祝活动往往与特定的季节气候相关联。山东淄博花灯会即是庆祝元宵节的民俗活动。

此外，极端气候事件（如干旱、洪涝、严寒等）也会对民俗产生深远影响。人们为了应对这些极端气候，可能会发展出特定的仪式、习俗或信仰来祈求平安和丰收。

（二）民俗文化的流变与消亡

民俗文化一旦形成，即拥有较强的稳定性，然而当民俗产生的基础逐渐失去后，其也会出现流变与消亡。民俗的流变与消亡是一个复杂而多元的过程，它受到社会经济、文化、科技、政治等多种因素的影响（见图1-2）。

1. 社会经济因素

经济基础决定上层建筑，民俗的流变与消亡离不开经济基础的制约。伴随着社会经济的发展，人们的生活方式和需求发生变化，传统民俗所依赖的社会历史条件、地理或气候条件发生了变化，民俗即可能产生流变与消亡。

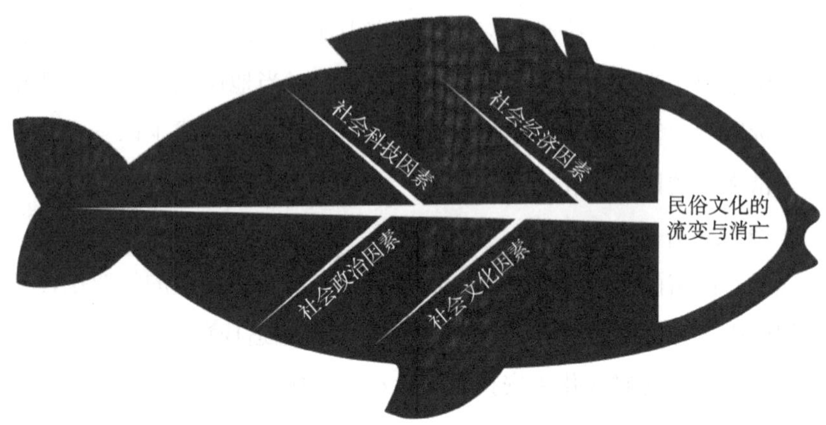

图 1－2　民俗文化的流变与消亡影响因素示意图

例如，原有村落迁居到其他地区，村落所处的地理环境和气候发生了较大变化，村落中原来盛行的民俗即可能发生流变与消亡。

2. 社会文化因素

社会文化在民俗的形成中起着极其重要的作用，当社会文化受战争、自然灾害等历史原因或文化政策变化等人为因素影响出现变化时，一些地区的民俗文化可能遭受严重破坏，导致文化传承的断裂。这种断裂可能使某些民俗活动失去其存在的基础和动力。

3. 社会科技因素

社会科技变革是民俗流变和消亡的重要因素之一。伴随着科技的发展和社会进步，人们的价值观念也在悄然发生变化。

例如，传统民俗活动具有较强的娱乐性，现代科技的发展改变了人们的生活方式，极大地丰富了人们的娱乐生活，一些传统民俗活动则被“冷落”，久而久之，难免会产生流变，甚至消亡。

4. 社会政治因素

政治政策对民俗文化的传承和发展具有重要影响。例如，政府可以通过制定相关政策来保护和传承民俗文化，如设立非物质文化遗产名录、提供资金支持等。然而，如果政策制定不当或执行不力，也可能对民俗文化造成负面影响。

此外，政治变革可能导致社会结构和价值观念的变化，从而对民俗文化产生冲击。例如，在社会动荡或政治变革时期，一些传统民俗活动可能因失去其存在的社会基础而逐渐消失。

二、民俗的类型

民俗的类型十分多样。国内外学者对民俗的类型划分众说纷纭，迄今为止，学术界并没有一个统一的标准。

（一）按表现形式划分

按照民俗的表现形式进行分类，民俗可以划分为心理民俗、行为民俗和语言民俗三种类型。

其中，心理民俗即以信仰为核心的、反映人民群众心理状态的民俗；行为民俗通常是心理民俗的直接反映，即人民群众通过仪式、节日以及各种文艺表演、劳动方式等表现出来的行为。语言民俗，是以语言作为手段的民俗，包括神话、传说故事、诗歌和戏剧等。

（二）按内容划分

按照内容进行分类，民俗文化的划分类型更加多样。

现阶段，我国学术界公认的较为权威的分类方式为，按照内容把民俗划分为四种类型，即物质民俗、社会民俗、精神民俗和语言民俗。例如，我国学者钟敬文在《民俗学概论》中即采用了这种分类方式。

除此之外，中国民间文化遗产抢救办公室出版的《中国民间文化分类——民俗文化》，则将民俗文化划分成了十种类型。即生产贸易民俗、衣食住行民俗、社会家族民俗、人生仪礼民俗、生态科技民俗、信仰民俗、岁时节令民俗、语言文学民俗、民间游乐民俗、民间艺术。

民俗文化的类型如表 1－1 所示。

表 1－1　　民俗文化的类型一览表

<table>
<tr><th>分类方法</th><th>出处</th><th>类型</th><th>释义</th></tr>
<tr><td rowspan="3">按表现形式划分</td><td rowspan="3">—</td><td>心理民俗</td><td>反映人民群众心理状态的民俗</td></tr>
<tr><td>行为民俗</td><td>人民群众通过仪式、节日以及各种文艺表演、劳动方式等表现出来的行为</td></tr>
<tr><td>语言民俗</td><td>以语言作为手段的民俗，包括神话、传说故事、诗歌和戏剧等</td></tr>
<tr><td rowspan="14">按内容划分</td><td rowspan="4">钟敬文《民俗学概论》</td><td>物质民俗</td><td>包括生产民俗、商贸民俗、饮食民俗、服饰民俗、居住民俗、交通民俗、医药保健民俗等</td></tr>
<tr><td>社会民俗</td><td>包括社会组织民俗、社会制度民俗、岁时民俗、民间娱乐习俗等</td></tr>
<tr><td>精神民俗</td><td>包括民间信仰、民间巫术、民间哲学伦理观念、民间艺术等</td></tr>
<tr><td>语言民俗</td><td>包括民间俗语、谚语、歇后语等民俗语言，神话、民间故事、民间传说、民间说唱、民间歌谣等民间文学</td></tr>
<tr><td rowspan="10">中国民间文化遗产抢救办公室《中国民间文化分类——民俗文化》</td><td>生产贸易民俗</td><td>包括农业民俗、狩猎民俗、畜牧民俗、渔业民俗、矿业民俗、林业民俗、采集民俗、工匠民俗、贸易民俗、信贷民俗等</td></tr>
<tr><td>衣食住行民俗</td><td>包括服饰民俗、饮食民俗、居住民俗、交通民俗等</td></tr>
<tr><td>社会家族民俗</td><td>包括家庭民俗、家族民俗、两性民俗、社团民俗、乡规民约民俗等</td></tr>
<tr><td>人生仪礼民俗</td><td>生育民俗、婚嫁民俗、敬老民俗、丧葬民俗等</td></tr>
<tr><td>生态科技民俗</td><td>包括生态民俗、科技民俗等</td></tr>
<tr><td>信仰民俗</td><td>包括图腾禁忌、民间宗教、神灵崇拜等</td></tr>
<tr><td>岁时节令民俗</td><td>包括岁时民俗、节庆民俗等</td></tr>
<tr><td>语言文学民俗</td><td>包括语言民俗、口头文学等</td></tr>
<tr><td>民间游乐民俗</td><td>包括民间游戏、民间竞技等</td></tr>
<tr><td>民间艺术</td><td>包括民间工艺美术、民间音乐、民间舞蹈、民间说唱等</td></tr>
</table>

第二节 民俗文化的特征

民俗文化作为一种特殊的社会现象，其不仅是社会生活的反映，也是文化传承与创新的载体，具有鲜明的多维特征，主要体现在以下几个方面（见图1-3）。

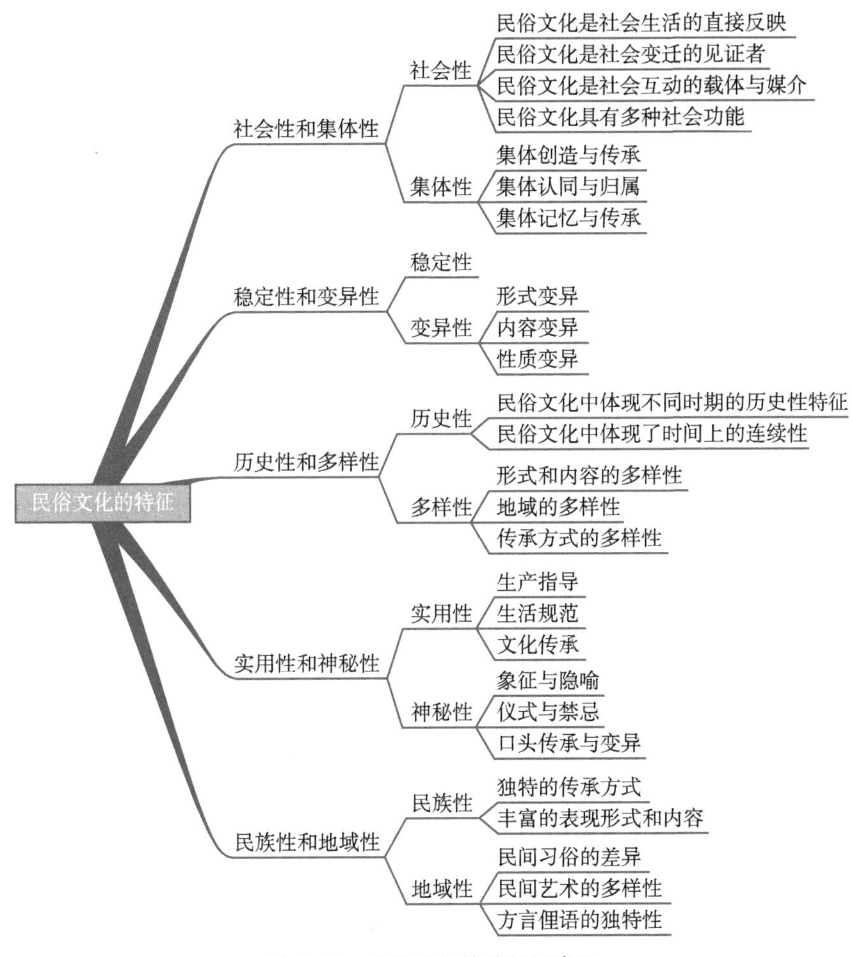

图1-3 民俗文化的特征示意图

一、社会性和集体性

社会性和集体性，是民俗文化的显著特征。

（一）社会性

1. 民俗文化是社会生活的直接反映

民俗文化根植于人们的日常生产、生活活动之中，涵盖了人们日常生活中的方方面面，如生产劳动、婚姻家庭、节日庆典、宗教信仰、口头传统、民间艺术、生活习俗等。这些丰富多彩的民俗事象，不仅记录了人类社会的发展历程，还反映了特定历史时期、特定地域和民族的社会结构、经济形态、价值观念、道德规范和审美情趣。

2. 民俗文化是社会变迁的见证者

民俗文化的诞生与流变，离不开社会政治、经济、科技等因素的影响。伴随着社会的变迁，民俗文化也在不断地产生流变。这种流变既体现了社会变迁对民俗文化的影响，也反映了民俗文化适应社会环境的灵活力与创造力。从这一视角看，民俗文化是社会变迁的见证者。

3. 民俗文化是社会互动的载体与媒介

民俗文化是一个国家或民族的民众集体创造、共同享用，并且世代传承的生活文化。其形式和内涵丰富多彩。许多民俗活动需要民众通过集体交流、互动、合作共同完成。这种交流、互动与合作客观上，能够促进人与人之间的沟通和理解，加深彼此之间的友谊和信任。从这一视角看，民俗文化是社会互动的载体与媒介。

4. 民俗文化具有多种社会功能

民俗文化具有教化、规范、维系、调节等多种社会功能，能够强化群体认同感和归属感。在人们的日常生活中起着不可忽视的影响，对于推动社会和谐发展具有重要作用。

（二）集体性

民俗文化不是某个人或少数人创造的，而是由某一国家或区域的民众集体创造、传承和享用的文化形态。它超越了个人行为的范畴，成为群体成员之间共享的精神财富具有较强的群体性特征。

1. 集体创造与传承

民俗文化的集体创造，包含了某一国家或区域内民众的集体智慧、经验和情感，赋予了民俗文化深厚的群众基础和广泛的社会认同。当一种民俗文化创造完成后，即通过口传心授、行为示范等方式在代际间进行集体传承，以确保民俗文化的连续性和稳定性。

2. 集体认同与归属

民俗文化能够促进群体成员的集体认同和归属感。通过某一国家或地域的民众通过共同参与民俗活动、遵守集体规范、传承集体记忆等方式，能够形成强烈的集体认同感和归属感。这种认同感和归属感不仅有助于维护群体的团结和稳定，也有较强的规范与约束功能，有助于促进社会的和谐与发展。

3. 集体记忆与传承

民俗文化是群体记忆的重要组成部分。其记录了群体的历史、传统和文化精髓，是群体成员共同的精神家园。某一国家或地域的民众通过传承和弘扬民俗文化，能够共同回顾历史、缅怀先贤、传承文化，从而增强群体的凝聚力和向心力。

民俗文化的社会性和群体性相互交织、相互促进、密不可分。社会性强调了民俗文化作为社会生活的直接反映，其产生、发展和传承都深深植根于社会环境之中。群体性则进一步强调了民俗文化的群体参与、共同创造与传承等特征。

二、稳定性和变异性

民俗文化既具有较强的稳定性，又具有一定的变异性。

（一）稳定性

民俗文化是一种特殊的文化现象，一旦形成，即会深深地扎根于民众的日常生活，并通过口传心授、行为示范的方法在代际之间进行传递，具有相对稳定的特性。

例如，春节、端午节等岁时节日习俗，历史悠久，数千年来代代传承，已经深入人心，成为民俗文化的重要组成部分。

（二）变异性

民俗文化并非一成不变。伴随着社会历史、科技发展、审美观、价值观等方面的发展，以及不同文化之间交流的频繁，民俗文化也在不断地发生变化和演进。

民俗文化的变异主要表现在形式、内容、性质等方面。

1. 形式变异

民俗文化的表现形式可能会随着时间和空间的变化而发生变化。例如，某些岁时节日习俗可能会因为历史环境的改变、地域差异、科技因素等缘由，改变表演形式，使之更符合人们不同阶段的审美。

2. 内容变异

除了形式，民俗文化的内容也可能发生变化，这种变化源于社会变迁，或不同时代的民众对民俗文化的重新解读与创造。

例如，婚礼作为重要的人生礼仪，自古以来就备受重视。然而数千年来，婚礼的形式、内容均发生了较大变化，出现了西式婚礼、集体婚礼等新兴婚礼形式，婚礼内容也更加简化。

3. 性质变异

某些民俗文化源于特定性质的活动。例如，端午节最初是为了祭祀屈原而设立的节日，在传承过程中，逐渐演变成为祈福纳吉的活动，其性质发生了一定变异。

值得注意的是，民俗文化的稳定性和变异性并不冲突，而是相互依存、相互促进的。稳定性为变异性提供了基础和框架，而变异性则为稳定性注入了新的活力和动力，使得民俗文化能够代代传承，顺应时代的发展。

三、历史性和多样性

民俗文化是一种综合性文化，涵盖了物质生活和精神生活的方方面面，具有鲜明的历史性和多样性的特点。

（一）民俗文化的历史性

民俗文化不是某一时刻或某一短暂历史阶段的产物，而是经历了数百年甚至数千年的历史积淀，逐渐形成了具有深厚历史底蕴的文化传统。这些传统通过代代相传，不断被丰富和发展，成为了一个民族或地区独特的历史记忆和文化符号。

1. 民俗文化中蕴含着特定历史背景

民俗文化是特定历史背景下社会生活的真实反映，其中蕴含着丰富的历史信息。通过对民俗文化的研究，可以窥见古代社会的风貌和人民的生活状态，了解历史发展的脉络和趋势。

例如，我国古代传统婚俗六礼为问名、订盟、纳采、纳币、请期、迎娶，这些婚俗是在特定的历史背景下形成的，蕴含着古人对婚姻的高度重视和复杂的社会文化意义。透过古代传统婚俗，可以深入研究古代的社会结构、文化观念、宗教信仰、经济水平以及女性地位等历史信息。

2. 民俗文化中蕴含着历史变迁

民俗文化并不是一成不变的，其具有一定的稳定性，同时也伴随着社会的变迁而变异。当民俗文化所处的地理环境、气候条件，以及社会政治、经济、科技、文化等因素发生变化时，民俗文化也会积极吸纳新元素，发生一定的变异，以适应新环境。这也是民俗文化能够保持长时间传承的独特魅力。

（二）民俗文化的多样性

民俗文化的多样性体现在形式和内容、地域、传承方式等多个方面。

1. 形式和内容的多样性

民俗文化涵盖了民众生活的方方面面，包括饮食、居住、交通、服饰、节日庆典、人生礼仪、艺术、文学、手工艺等。不同国家或地域的民俗文化均呈现出多样化的形式与内容。即使同一国家不同地域的民俗文化也有可能呈现出不同的形式和内容。

2. 地域的多样性

民俗文化受地域的影响较大，不同地区的民俗文化因自然环境、历史背景的差异而呈现出鲜明的地域特色。

例如，我国北方地区以农耕文化为主，民俗文化多与农业生产生活息息相关。而南方地区水系发达，民俗文化多与渔业、商贸活动相关。另外，少数民族地区在不同地域的影响下，创造了各具特色的地域文化。

3. 传承方式的多样性

民俗文化的传承方式也具有多样性，除了口头传承和行为传承之外，许多民俗文化还以文字的方式记录下来，为后人研究民俗文化的传承与演变提供了宝贵资料。

四、实用性和神秘性

民俗文化既具有较强的实用性，也具有一定的神秘性。

（一）实用性

民俗文化起源于现实生产生活，又为现实生产生活提供着重要的指导作用，具有较强的实用性，具体表现在以下几个方面。

1. 生产指导

许多民俗文化与现实生产生活息息相关，对人们的生产生活起着重要的指导作用。

例如，二十四节气，是中国古代劳动人民通过观察天体运行，根据自然节律变化确立的一套特定的节令，它使天文、农事、物候和民俗实现了巧妙的结合，基本概括了一年中四季交替的准确时间以及大自然中一些物候等自然现象发生的规律，包含着丰富的民俗事象。在古代农耕社会中，二十四节气对人们的生产生活发挥着重要的指导作用。

2. 生活规范

民俗文化具有规范功能，能够通过约定俗成的价值观和行为准则，对民众进行约束，进而增强社会成员之间的认同感和归属感，促进社会的和谐与稳定。

3. 文化传承

民俗文化还是一个国家或民族文化传承的重要载体，其通过口传心授、节庆活动、手工艺等方式代代相传，不仅保留了民族文化的独特性和多样性，也为后代提供了认识自我、了解历史的重要途径。

（二）神秘性

民俗文化是古代劳动人民在现实生产和生活中创造的风俗习惯，其中蕴含着劳动人民丰富的想象和创造力。其不仅是对劳动人民对自然环境的适应与改造，还是古代劳动人民精神世界的一种表达与追求，蕴含着深厚的历史、文化和哲学内涵，具有独特的魅力。

民俗文化的神秘性特征主要表现在以下几个方面。

1. 象征与隐喻

民俗文化中的许多元素都具有特殊的象征意义。例如，某种食物在特殊的民俗文化中可能被赋予吉祥、喜庆的象征和隐喻意义，从而使这种食物在特殊的民俗中具有了特殊的地位。这种象征和隐喻不仅极大地丰富了民俗文化的内涵，也为其披上了一层神秘的面纱。

2. 仪式与禁忌

民俗文化中包含着丰富的仪式与祭祀，其是劳动人民在长期实践中形成的，旨在规范人们的行为、维护社会秩序、祈求平安吉祥。然而，这些仪式和禁忌往往与神灵信仰、超自然力量等联系在一起，为民俗文化增添了较强的神秘色彩。

3. 口头传承与变异

民俗文化的传承方式主要为口头传承和行为传承。许多民俗文化在传承过程中，受地域、时间、文化背景等因素的影响，可能会发生变异和演化。这种变异和演化不仅丰富了民俗文化的表现形式和内容，也使其更加复杂多样、难以捉摸。

五、民族性和地域性

民俗文化具有民族性和地域性的特点。

（一）民族性

民俗文化是一个国家或民族在长期的生产生活实践中形成和发展起来的，其深深地根植于特定的民族社会土壤，与该民族的历史、文化、宗教信仰、生活习惯等紧密相连。这种紧密联系使得民俗文化成为了一个民族独特的精神标志和文化符号，具有鲜明的民族特色。

1. 独特的传承方式

民俗文化往往是通过口传心授、言传身教等方式在民族内部进行传承的，这种传承方式不仅能够强化民族成员对民俗文化的认同感和归属感，还保持了民俗文化的连续性和稳定性，从而进一步加深了民俗文化的民族性特征。

2. 丰富的表现形式和内容

民俗文化的表现形式和内容上通常与民族心理、民族审美等息息相关，体现出鲜明的民族特色。

（二）地域性

民俗文化具有鲜明的地域性特征。自然环境是民俗文化地域性形成的基础。不同的地理环境、气候条件、自然资源等都会对民俗文化的产生和发展产生深远影响。此外，不同地域的历史背景、政治经济制度、宗教信仰、生产力水平和生产方式、产业结构等都对民俗文化的形成和发展起着重要影响。具体来说，民俗文化的地域性特征主要表现在以下几个方面。

1. 民间习俗的差异

不同地域的民间习俗各具特色。例如，婚丧嫁娶、节庆活动、饮食习惯等方面的习俗都存在着明显的地域差异，其不仅反映了当地人民的生活方式和价值观念，也成为了地域文化的重要标志。

2. 民间艺术的多样性

民间艺术是民俗文化地域性的重要体现。不同地域的民间艺术在形式、内容、风格等方面都存在着显著的差异。例如，北方的剪纸、皮影戏与南方的刺绣、戏曲等各具特色，共同构成了丰富多彩的民俗文化。

3. 方言俚语的独特性

方言俚语也是民俗文化地域性的重要表现之一。不同地域的方言俚语不仅反映了当地人民的语言习惯和文化传统，也是民俗文化的重要载体，在民俗文化的传承和发展中发挥着重要作用。

第三节 民俗文化的内容

民俗作为一种文化现象，内容极其丰富。根据钟敬文《民俗学概论》对民俗的分类，民俗文化包括物质民俗、精神民俗、口承语言民俗和社会民俗等内容。

一、物质民俗

物质民俗，是有形的民俗，又叫实体民俗，其是人民群众在物质生产、消费和流通中所形成的文化传承，系中国民俗的多层次结构中的基础层面。[①] 物质民俗包括生产民俗、商贸民俗、饮食民俗、服饰民俗、居住

① 巴兆祥. 中国民俗旅游新编［M］. 2 版. 福州：福建人民出版社，2013：7.

民俗、交通民俗、医药保健民俗等。

（一）生产民俗

生产民俗是指一个族群或地区的民众，在一定时段生态环境内从事生产活动所创造、享用和传承的实践活动和文化现象。[①] 人们在长期的生产和生活过程中，为了满足生存和发展的需要，创造了许多看得见、摸得着的生产工具、器用杂物、居住地、交通用品、工艺品等物品，并且在长期的实践中逐渐定型，形成了生产民俗。

1. 农业生产民俗

农业生产民俗，是农业生产逐渐形成的民俗文化，是一种十分古老的民俗文化。其形成过程中受地域、气候等自然条件的影响较大，具有较强的地域性和季节性，同时又具有较强的功能性和科学性，可以细分为节气与物候民俗、气象民俗、耕作民俗、丰收庆祝民俗等。

（1）节气与物候民俗。例如，山东文登一带流行的春分习俗等。

（2）气象民俗。与天气、气候和季节变化密切相关的传统习俗和文化现象。

（3）耕作民俗。农业耕种生产过程中形成的一系列的传统习俗。

（4）丰收庆祝民俗。农业生产取得丰收时，农民举行的庆祝活动或仪式等。

2. 渔业生产民俗

渔业生产民俗，是渔业生产过程中逐渐形成的民俗，其与农业生产民俗一样，历史悠久。渔业生产与农业生产不同，其在海上作业，受限于海上作业的外在环境、工具、工作方式，久而久之形成了特殊的渔业生产民俗。

渔业生产民俗，大体可以划分为淡水鱼生产民俗和海洋渔业生产民俗两部分，各自形成了较为完善的民俗体系。

---

① 张冬青，何英总．客家与民俗［M］．福州：海峡文艺出版社，2022：17.

3. 畜牧业生产民俗

畜牧业生产民俗，是畜牧业生产过程中逐渐形成的民俗。其受地理环境的影响较大。不同地区的畜牧业生产规模以及民俗也不尽相同。例如，草原牧区的畜牧业生产民俗与农业种植区的畜牧业生产民俗即存在较大差异。

4. 林业生产与狩猎民俗

林业生产民俗，是林业生产过程中逐渐形成的民俗，其受地域、种植目的、种植种类等影响因素较大。

狩猎民俗，是狩猎生产过程中逐渐形成的民俗，其是人类最古老的生产民俗之一。近年来，伴随着社会生产力的突飞猛进，生产关系的变革，许多狩猎民俗已发生了流变或迁移。

5. 手工业民俗

手工业民俗，是手工业生产过程中逐渐形成的民俗。我国古代手工业生产大多以家庭为单位，技艺传承采用口传心授的方法，手工业工匠之间的师承呈现出鲜明的系谱性特点。不同行业之间存在较强的壁垒，还存在形成了丰富多样的手工业技术传授民俗以及行业民俗。

（二）商贸民俗

商业贸易，是社会发展中不可或缺的经济活动，也是民间生产与消费的重要流通方式。我国传统贸易类型多样，从不同视角可以划分成多种类型（见表1－2）。

表1－2　　商贸民俗一览表

序号	维度	类型	描述
1	从商贸人员划分	生产商贸易	生产商直接参与的贸易活动，涉及生产和销售环节
		经销商贸易	经销商作为中间环节，从生产商处采购商品后再销售
		零售商贸易	零售商直接面向最终消费者销售商品或服务
		代理商贸易	代理商代表某一品牌或生产商，在特定地区或市场内销售

续表

序号	维度	类型	描述
2	从商贸形式划分	批发贸易	批发商以大宗方式采购商品，再转手出售给零售商或其他商业机构
		零售贸易	商品以零售方式直接销售给最终用户
		电子商务贸易	通过电商平台或自建网站进行的在线销售活动
		国际贸易	涉及不同国家或地区之间的商品和服务交易
3	其他类型	服务贸易	以服务产品为交易对象的贸易活动
		加工贸易	利用进口的原材料或零部件进行加工装配后出口成品的贸易形式
		技术贸易	涉及技术转让和技术引进的贸易活动

商贸民俗涉及各行各业商贸往来的种种营利方式、招揽生意的方法，以及各种禁忌等内容，是民俗文化的重要组成部分。

（三）饮食民俗

俗话说“民以食为天”。饮食作为人类生活的重要组成部分，是推动个体和人类社会发展不可缺少的物质力量。在漫长的人类发展史上，形成了光辉灿烂、丰富多彩的饮食民俗。

饮食民俗的形成与经济、地理、气候、历史等因素密切相关。其主要包括节庆食俗、饮食习惯、菜系等内容。

1. 节庆食俗

节庆食俗，即节庆场合中的特殊饮食习惯或习俗。我国传统节日众多，几乎每个传统节日均对应其相应的饮食种类和饮食习惯。例如，春节要吃饺子，端午要吃粽子，中秋节则吃月饼，重阳节要饮菊花酒、吃重阳糕等。节庆食俗中寄托着人们对生活的热爱，对先人的纪念以及对家的向往。

2. 饮食习惯

不同时代、不同地区的人们饮食习惯不尽相同。古代有的地区遵循一日两餐的饮食习惯。后来伴随着社会的发展，饮食种类逐渐丰富，一些地区人们的饮食习惯从一日两餐变为一日三餐。除此之外，不同地区，人们的饮食偏好不同，形成了丰富、多样、各具魅力的饮食习惯。

3. 菜系

俗话说“一方水土养一方人”，受气候、地理、传统习俗和风土人情的影响，在长期的生产和生活中，我国各地区形成了不同的饮食文化，大体可以划分为八大菜系（见表1-3）。八大菜系不仅彰显了各地饮食的口味、特色，还融入了当地的民俗文化，形成了各种独特的食俗。

表1-3　八大菜系一览表

序号	菜系名称	起源地	主要特点	代表菜品
1	鲁菜	山东	咸鲜为主，火候精湛，精于制汤，善烹海味，注重礼仪	糖醋黄河鲤鱼、葱烧海参、九转大肠、一品豆腐、油爆双脆
2	川菜	四川、重庆	调味多变，菜式多样，口味清鲜醇浓并重，善用麻辣调味	水煮肉片、鱼香肉丝、回锅肉、宫保鸡丁、麻婆豆腐
3	粤菜	广东	讲究原汁原味，烹饪复杂，做工精细，追求营养	烤乳猪、白切鸡、红烧乳鸽、脆皮烧鹅、老火靓汤
4	苏菜	江苏	擅长炖、焖、蒸、炒，重视调汤，保持菜的原汁，风味清鲜	大煮干丝、无锡酱排骨、金陵盐水鸭、松鼠鳜鱼、蟹粉狮子头
5	浙菜	浙江	烹饪技法丰富独到，注重食材本色真味，制作精巧细腻	东坡肉、西湖醋鱼、龙井虾仁、荷叶粉蒸肉、干炸响铃
6	闽菜	福建	以烹制山珍海味而著称，口味清鲜、和醇、荤香、多汤	佛跳墙、荔枝肉、醉排骨、鸡汤氽海蚌、白斩河田鸡
7	湘菜	湖南	注重香辣、香鲜、软嫩，制作精细，用料广泛	剁椒鱼头、辣椒炒肉、东安鸡、腊味合蒸、永州血鸭
8	徽菜	安徽	擅长烧、炖、蒸，重油、重色、重火功，讲究食补	黄山臭鳜鱼、问政山笋、无为熏鸭、徽州毛豆腐、胡氏一品锅

（四）交通民俗

交通民俗，是民间开设交通设施或制作、搭乘交通工具过程中逐渐形成的民俗。古代的交通设施涉及路、桥、亭、关等陆路交通设施，以及车、船、马、轿、筏、小舟、溜索等交通工具，其中涉及大量约定俗成的礼俗内容，构成了交通民俗文化的主体（见表1-4）。

表1-4 古代出行方式及民俗一览表

序号	交通工具	描述	民俗与用途
1	马车	由马匹拉动的车辆，常用于长途旅行和货物运输	在古代，马车不仅是贵族和官员的出行工具，还常用于重要场合，象征着尊贵和地位
2	牛车	由牛拉动的车辆，多用于农田运输和短途出行	牛车是古代普通百姓的主要交通工具，尤其在农业社会中广泛使用，还是民俗文化中的重要内容
3	驴/骡车	由驴或骡拉动的车辆，适用于崎岖山路和负载较轻的运输	在东北等村镇地区，驴车因其经济实惠和适应性强而广泛使用，驴车不仅用于代步和运货，还融入了当地的生活习俗和文化中
4	帆船	利用风力驱动的船只，用于水上交通和远航	帆船在古代海上贸易和探险中发挥了重要作用，不同地区和民族形成了各自独特的航海文化和习俗
5	独木舟	由一根大树干挖空制成的船只，适用于小河和湖泊	独木舟的制作和使用反映了古代人类对自然资源的利用和适应环境的能力，在某些地区，独木舟还被赋予了特殊的功能
6	滑雪板/雪橇	在雪地或冰面上滑行的交通工具，用于寒冷地区的出行	在北方寒冷地区，滑雪板和雪橇不仅是冬季出行的必备工具，还融入了当地的冰雪文化和民俗活动之中
7	骆驼/象轿	利用骆驼或大象背负人或货物的出行方式，适用于沙漠或丛林地区	在沙漠和丛林地区，骆驼和大象因其耐力和负重能力而成为重要的交通工具，在有的地方还被赋予特殊的意义，融入当地的风俗文化之中

续表

序号	交通工具	描述	民俗与用途
8	轿子/肩舆	由人抬扛的交通工具，多用于贵族、官员或富商的出行	不同等级和场合使用的轿子有不同的规格和装饰，抬轿人也有严格的分工和礼仪规范
9	步行	最基本的出行方式，无须任何交通工具	步行是最简单的出行方式之一，在特殊场合还被赋予了特殊的意义，融入当地的民俗文化之中

除上述内容外，物质民俗还包括服饰民俗、居住民俗、医药民俗，这里不再赘述。

二、精神民俗

精神民俗是意识形态方面的民俗。它是人类在认识和改造社会过程中形成的大众化的心理习惯，并以特定的行业方式世代相传。① 其范围十分广泛，包括原始信仰、心理民俗等类型。

（一）信仰民俗

信仰民俗指人类生活中基于一定的信仰心态所形成的社会风俗，包括信仰观念、崇拜心理，以及有关信仰的操作仪式和社会习俗。② 其具有神秘性、功利性、区域性、民族性、禁忌性等特点。

例如，原始先民生活的时代生产力相对较为落后，人们难以理解自然界的许多现象，而对天地、日月、云雾、风雨、雷电、山石、水火等自然现象产生了自然崇拜，形成了各式各样的原始信仰。其反映了原始先民对自然的敬畏之情和朴素的信仰。

---

① 沙雪斌．薛城民俗［M］．济南：山东友谊出版社，2010：163.

② 杨英杰，祁向文．中外民俗［M］．天津：南开大学出版社，2013：197.

（二）心理民俗

心理民俗指某一国家或地域民众群体所普遍具有的朴素的社会信念、价值观、道德观或社会情趣等。其具有大众性、自发性、朴素性和日常经验性的特点。

例如，我国传统的家庭伦理观念中的“孝”，即是在社会长期发展中逐渐形成的心理民俗现象。

三、口承语言民俗

语言，是民族文化的重要组成部分，是以言语习俗或民间口头语言艺术为主要类型的民俗语言文化形态，主要是应用民俗语言或言语交际活动中产生并积淀的语言文化现象。[①] 其包括民间俗语、谚语、歇后语等民俗语言，神话、民间故事、民间传说、民间说唱、民间歌谣等内容。

（一）语言与民俗的关系

民俗通常依靠语言或行为进行传承，语言与民俗之间存在极其密切的关系。

1. 语言和民俗的相似与区别

民俗是一种文化现象，不同民俗现象之间千差万别；而语言作为一种符号系统，具有高度的统一性。但两者均为人类意识和思维的社会表现，都是人类约定俗成的历史遗产。两者均具有集体性、传承性、稳定性、变异性等特点。

尽管两者之间存在一定的相似之处，但是两者仍然存在明显区别。民俗是一种行为符号系统，通过语言、行为等形式呈现出来，其既诉诸于人的听觉也诉诸于人的视觉。而语言则是由人的发音器官发出的音义结合的符号系统。此外，语言系统十分严密，而民俗则相对较为散漫，等等（见

---

① 袁耀辉．《通俗常言疏证》民俗语汇研究［M］．沈阳：东北大学出版社，2017：24.

表1－5）。

表1－5 语言与民俗的相似与区别一览表

项目	语言	民俗
相似	语言与民俗都具有集体性，是集体长时间效仿和履行的结果	
	两者都具有传承性，是时间上的传承和空间上的扩布	
	语言与民俗都具有一定的稳定性，不会因社会的急剧变化而立即消失	
	两者都具有一定的变异性，会随着社会的发展而发展变化	
区别	语言主要通过声音和文字来表达，诉诸人们的听觉和视觉	民俗主要通过行为、习惯、仪式等方式来表现，主要诉诸人们的视觉和行为体验
	语言的主要功能是交际和思维，是人们交流思想、传递信息的工具	民俗的主要功能是规范人们的社会生活，传承历史文化，增强社会凝聚力
	虽然语言体系稳固性强，但也会随着社会的变化而发展变化，如新词的产生、旧词的消失等	民俗具有更强的传承性，即使社会发生急剧变化，某些民俗现象也可能长期保留下来

2. 语言与民俗之间相互渗透，相互影响

语言与民俗密不可分，语言可以考证民俗，民俗也渗透于语言的方方面面。语言忠实反映了一个民族的全部历史、文化、信仰和偏见，民俗则是这些文化和信仰的重要载体。

民俗的形成过程中离不开语言的参与，某些民俗的传承与发展也离不开语言形式。因此，某种民俗通常有一套与之相应的、独特的词语或语句。其在民俗的形成、巩固与传承、发展过程中起着重要的促进作用。这些带有民俗特征的语言一旦形成，就会成为民俗的象征符号。

例如，北方地区春节期间，通常会吃饺子、贴春联，“包饺子”“贴春联”等口承语言就成为这一民俗的关联词语。

3. 民俗的地方性和民族性直接反映在口承语言上

民俗具有地方性和民族性的特点，这一点在口承语言上体现得极其鲜明。例如，山东境内的平原面积较大，是我国主要的粮食产区之一，农作物类型丰富，形成了许多独特的食俗。

有的地区农历二月二吃“料豆”，六月六吃“炒面”等。其中，“料豆”指炒熟的黄豆；“炒面”则是指新小麦磨粉炒制后的熟面粉，用开水加糖或盐冲调即可食用。这些口承语言反映了当地特有的饮食特色，寄予着劳动人民的美好愿望。

此外，语言和民俗都随着人类社会的发展而不断变化，相互影响，共同发展。民俗现象会影响语言的发展，如产生新的词汇、表达方式等；同时，语言的变化也会反映民俗的变迁。

（二）口承语言民俗的内容

口承语言民俗的内容，主要包括民间神话、传说、故事、歌谣、史诗、谚语、谜语等内容。

1. 民间神话

民间神话传说多起源于人类社会早期，由于当时的社会生产力较为低下，人们对许多自然现象、社会现象难以做出科学的解释，因此凭借丰富的想象，编造了许多美丽的民间神话故事。

例如，人类的起源、万物产生、某一村落的形成与发展、生产工具的发明、自然现象、节日的来源，等等。

2. 民间传说和故事

民间传说和故事涉及的内容十分广泛，通常包括英雄的诞生、崛起，历史发展、村落或风物传说、习俗传说、各种民俗礼仪的传说与故事、动植物的故事等。

3. 民间歌谣、史诗

民间歌谣和史诗，是人们在生产劳动中发明的，伴随着社会的发展，逐渐深入生产和生活的各个领域。这里所指的歌谣和史诗与民俗活动息息相关，是民俗活动的重要组成部分。

例如，饮食民俗中的歌谣、节庆中的歌谣、婚嫁民俗中的歌谣等。山东滨州春节期间即流传着一首有趣的《过年歌》：

“小子过年，炮竹连天。闺女过年，花戴两边。老娘们过年，吃饺子就蒜。老头们过年，坐在炕上胡盘算。”

4. 民间谚语、谜语

民间谚语、谜语是劳动人民在生产和生活中总结出来的经验的概括。例如，山东枣庄一带流传的谚语。

庄稼活好学，人家咋着咱咋着。

地是刮金板，人勤地不懒。

千买卖，万买卖，不如庄户老汉胡摆坏。

好饭不嫌晚，好地不嫌远。

清明前后，种瓜种豆。

蚕老一时，麦熟一晌。

……

又如，

窗户里，窗户外，窗户外头一棵（kuo）菜，也能吃，也能卖，就是不能拌合（huo）菜。

——石榴

5. 吉祥语、委婉语

（1）吉祥语。在长期的生产生活中，人们为了获得心理上的慰藉发明了丰富多彩的吉祥语。吉祥语具有向他人或自己表达祝福之意，具有安慰功能。在生活实践中承担着调节人际关系，塑造人物形象，反映时代特色等功能。

例如，春节、元宵节、中秋节等节日期间，流传于各地民俗语汇中的“年年有余（鱼）”“柿柿（事事）如意”吉祥语。

（2）委婉语。民俗文化中存在大量禁忌，人们不愿意说出禁忌事物的名称，但又不得不指明这一事物时，通常会用委婉语来进行隐喻或暗示，代指这一事物。

四、社会民俗

社会民俗指世世代代传承下来的各社会集团在结合、交往时，在各种关系间形成的习俗惯制。[①] 其主要包括社会组织民俗、社会制度民俗、岁时民俗、民间娱乐习俗等。

（一）社会组织民俗

社会组织是构成社会的基本单元，其是社会群众出于某种特定的目的而建立的组织群体。从不同视角进行分类，社会组织民俗又可以细分为血缘组织民俗、地缘组织民俗、业缘组织民俗等类型。

1. 血缘组织民俗

血缘组织民俗，即以血缘关系作为依据组织而成的较为稳定的社会共同体。例如，家庭、家族、亲族等。

家庭，是构成社会的基本组织和单位，由具有婚姻关系的夫妻双方与其具有血缘关系的子女结成的最小社会生活共同体。在家庭的基础上，逐渐诞生了家族。家族，既是社会发展的产物，也是一种独特的民俗事象，是由多个家庭单位组建而成，成员多、亲属网络广，可能涉及上百人甚至上千人。

血缘组织民俗通常涉及分家、订立族规、入族、家谱、族谱的订立等事宜。

2. 地缘组织民俗

地缘组织民俗是反映地缘组织关系的民俗，即依照地域关系结成的较为稳定的社会共同体，如村落组织、村落联盟、外地同乡组织、庙会等。[②] 一般来说，地缘组织民俗通常以相同或相似的地缘观念或地缘利益等作为纽带，存在婚姻关系、物资交易等行为，其在维护成员利益、协调成员关系以及约束成员行为等方面发挥着重要作用。

3. 业缘组织民俗

业缘组织民俗通常是以行业为单位组织的行会的民俗，其与血缘组织

---

① 南快莫德格，迪木拉提·奥迈尔．蒙古语族诸民族民俗概论［M］．北京：民族出版社，2011：83.

② 《海陆丰历史文化丛书》编纂委员会．海陆丰历史文化丛书　民间风俗［M］．广州：广东人民出版社，2013：200.

民俗、地缘组织民俗相比，具有较强的专业性、技术性、神秘性、保守性的特点。

例如，建筑业、冶炼业、纺织业等手工业及服务行业组织、社团的特殊民俗。

（二）社会制度民俗

社会制度民俗主要包括约定俗成的乡约、习惯法、人生礼仪民俗等。

以人生礼仪民俗为例。人生礼仪民俗贯穿于个体的一生，包括诞生礼俗、成人礼俗、婚姻礼俗、生日/诞辰礼俗、丧葬礼俗等（见表1-6）。

表1-6　人生礼仪民俗一览表

序号	人生阶段	礼仪名称/类型	描述
1	诞生	诞生礼/满月礼	庆祝新生儿的出生，包括报喜、洗三（或洗儿）、满月酒等习俗，祈求孩子健康成长
2	婴幼儿期	百日宴/周岁礼	在婴儿出生后的百日或周岁时举行的庆祝活动，象征孩子健康成长、未来顺利
3	童年至青少年	入学礼（部分地区）	庆祝孩子开始正式接受教育，寄托家长对孩子学业有成的期望
4	成年	成人礼（如冠礼、笄礼）	标志个体从儿童成长为成年人，通过仪式赋予其社会责任和权利的象征
5	婚恋	订婚礼/婚礼	男女双方决定结为伴侣前后的庆祝仪式，包括订婚、迎娶、婚宴等环节，正式确立夫妻关系
6	生日/诞辰	生日庆典	庆祝个人出生的日子，随着年龄增长，庆祝方式和规模可能有所不同，但都表达了对生命的尊重和祝福
7	生日/诞辰	寿辰庆典	为老年人举办的特别生日庆典，强调对长辈的尊敬和长寿的祝愿
8	去世/丧葬	丧葬礼/葬礼	哀悼逝者、处理遗体并举行告别仪式的系列过程，体现对死者的尊重和怀念
9	祭祀/纪念	忌日/周年祭/清明扫墓	逝者去世后的特定日子（如忌日、周年祭）或节日（如清明节）进行的祭祀活动，缅怀逝者，祈求家族平安

（三）岁时节日民俗

岁时节日民俗，是人们为适应生产和生活的需要而共同创造的一种民俗文化。[①] 岁时节日民俗通常包含两部分，即岁时民俗和节日民俗，这两部分之间存在极其紧密的联系。

岁时民俗通常指岁时节令或时节，是一年中伴随着季节和时序的变化而相继出现的风俗习惯，主要包括天象习俗、物候习俗、节气习俗等，古代劳动人民通常根据自然变化安排一年的生产和生活。

节日民俗与岁时民俗息息相关，是岁时民俗在特定时间节点的集中体现和升华。例如，春节、清明节、端午节、中秋节、重阳节等。

从不同主题或维度进行划分，岁时节日民俗可以划分为多种类型。

1. 按照岁时节日的来历进行分类

按照岁时节日的来历进行分类，不同国家或民族的岁时节日可以划分为多种类型。例如，汉族的春节、中秋节等均为影响较大的岁时节日民俗。

2. 按照岁时节日的属性进行分类

按照岁时节日的属性进行分类，可以划分为全民性节日、跨民族节日、单一民族的节日。

3. 按照岁时节日的主题进行分类

按照岁时节日的主题进行分类，可以划分为生产类岁时节日、纪念类岁时节日、文化游乐类岁时节日、商贸类岁时节日、生活社交类岁时节日等类型。

无论哪种类型，我国的岁时节日通常具有较为鲜明的农业文化特色，呈现出浓厚的伦理观念，是维系人与人之间关系的重要情感纽带。伴随着时代的发展，一些岁时节日活动正从单一性朝着综合性、复合性的方向发展。

---

① 罗映堂．慈溪民俗［M］．宁波：宁波出版社，2018：94.

（四）民间娱乐习俗

民间娱乐习俗指劳动人民以消遣休闲、调节身心为目的，举行的一定模式和规范的娱乐活动，包含民间游戏、民间竞技活动、民间杂艺等。

1. 民间游戏

民间游戏是民间娱乐习俗中常见的趣味活动之一，类型多样，通常既益智又有趣，是体能、智能的完美结合。

2. 民间竞技活动

民间竞技活动，是一种以竞赛体力、技巧、技艺为主要内容的娱乐活动。例如，骑马、拔河、跳绳、荡秋千等。

3. 民间杂艺

民间杂艺活动包括各种杂技、戏法以及动物争斗、表演等，是民间娱乐习俗的重要组成部分。

第四节 民俗文化的功能

民俗文化虽然是在长期生产生活中产生的，具有较强的历史性，但是其在现实生活中仍然发挥着特定的影响，对社会生产和生活有着较强教化功能、规范功能、维系功能、调节功能、审美功能（见表1－7）。

表1－7　民俗文化的功能一览表

序号	功能类别	具体功能
1	教化功能	文化的连续性与传承
		道德规范的塑造
		知识与技能的传授
2	规范功能	明确个体行为准则
		促进社会稳定

续表

序号	功能类别	具体功能
3	维系功能	确保文化传承的稳定性
		促进文化认同
4	调节功能	娱乐功能
		慰藉和宣泄功能
		补偿功能
5	审美功能	审美价值多元化
		美育功能

一、教化功能

民俗文化的教化功能是指民俗文化在人类个体的社会化过程中所起的教育和塑造、模仿作用。其深刻体现在人类个体从诞生至消亡的整个社会化过程中。民俗文化作为一种隐形的教育力量，不仅传承着文化的精髓，还塑造着个体的行为模式与价值观念。

（一）文化的连续性与传承

民俗文化是一个国家或民族文化传承的重要载体，其通过口传心授、丰富的仪式、庆典、节日等方式，将历史记忆、道德观念、价值观念等思想观念传递给下一代。

人类个体从出生，就与民俗息息相关，诞生礼、婚礼、寿宴、葬礼，这些民俗文化贯穿于个体生命的整个历程之中。其对个体的行为、情感、价值观等有着潜移默化的作用，对个体的行为有着不可忽视的教化功能。

例如，婚礼作为人生的重要礼俗，不仅预示着个体即将迈进人生下一个重要阶段，还对个体的行为规范提出了新的要求。

又如，节庆民俗中存在着大量传统礼文化的因素，不仅承载着历史的记忆，传承着文化的精髓，还具有重要的教化功能，对社会的和谐稳定与个体的道德修养都产生着深远的影响。

（二）道德规范的塑造

民俗文化中含有丰富的道德教育资源，通过具体的行为规范和价值观念，潜移默化地影响人们的道德观念和行为习惯。

例如，春节的团圆、拜年习俗强调了家庭和睦、尊老爱幼的传统美德；中秋节的赏月、吃月饼则寄托了人们对家人团聚、和谐共处的美好愿望。这些活动在潜移默化中引导人们树立正确的价值观和道德观。

（三）知识与技能的传授

民俗文化中包含着大量生活实用知识和技能，其往往以口传心授的方式代代相传，形成了独特的文化传统和技术体系。

例如，山东省民俗文化中的山东煎饼习俗、泰山豆腐宴食俗、崂山鲅鱼礼俗、宁阳四八宴席与酒礼等，不仅具有较强的文化传承功能，还蕴含着古代劳动人民的智慧与结晶。

二、规范功能

所谓规范功能，是指民俗对社会群体中每个成员的行为方式所具有的约束作用。民俗对社会行为和思想的规范功能，不同于法律法规，其并不以明确的规定和具体刑法的方式出现，而是像一个看不见、摸不着的“文化场”，虽然无形，却具有广泛的影响力，对人们的行为和思想进行潜移默化的同化、规范。

（一）明确个体行为准则

民俗文化通过一系列明确的行为规范，如节日习俗、婚丧嫁娶的礼仪、日常生活中的禁忌等，为社会成员提供了具体的行为指导。从吃穿住行到婚丧嫁娶，从社会交际到精神信仰，人们都在不自觉地遵从着民俗的指令。

例如，山东青岛、崂山一带盛行鲅鱼礼俗，是女婿向岳父岳母赠送新鲜鲅鱼的礼节，其中蕴含着晚辈对长辈的孝敬之意。其对当地民众的行为有较强的规范作用。

（二）促进社会稳定

民俗文化通过一系列的行为准则和礼仪习俗，规范社会成员的日常行为。其通过共同的文化符号、价值观念和行为规范，将社会成员紧密地联系在一起，形成文化认同。

文化认同是维系社会群体团结和稳定的精神的重要纽带。民俗文化作为群体文化的重要组成部分，承载着丰富的历史记忆和共同的情感体验。民众通过参与共同的民俗活动，能够深刻感受到自己所属文化的独特魅力和价值，从而增强对文化的认同感和归属感，减少社会内部的矛盾与冲突，促进社会的和谐发展。

当个体偏离民俗规范时，可能会受到来自群体的批评、排斥甚至惩罚。这种群体压力使得个体在行为上更加趋向于遵守民俗规范，从而维护了社会的稳定和秩序。

仍以鲅鱼礼俗为例。如果有人故意不在春季为岳父母送新鲜鲅鱼，可能会受到妻子或其他亲人的指责。

三、维系功能

维系功能是指民俗统一群体的行为与思想，使社会生活保持稳定，使群体内所有成员保持向心力与凝聚力。

（一）确保文化传承的稳定性

民俗本身具有文化特性，同时也是传统文化的重要载体。其具有强大的生命力和稳定性，通过口传心授、代代相传的方式，不断被后代复制和传承，从而保持了社会的连续性和稳定性。

在社会变革和转型的过程中，民俗文化往往能够起到连接过去与未来的桥梁作用，有效防止文化的断裂和失落。其为人们提供了稳定的文化参照系和价值导向，使得社会成员在面对快速变化的社会环境时能够保持内心的安定和自信。

例如，端午节作为纪念屈原的特殊节日，在节日当天人们会举办龙舟竞渡活动、包粽子、挂菖蒲等一系列活动。龙舟竞渡不仅是一项体育活动，更蕴含着团结协作、勇往直前的精神；而粽子则寄托了人们对健康、平安的美好祝愿。这些习俗在每年的端午节被重复实践，有效地确保了文化传承的稳定性，同时对社会成员的行为进行了良好规范。

（二）促进文化认同

民俗作为一种代代相承的文化模式，能够在特定的族群中建立起和睦、温情、可持续发展的关系，促进族群的内聚力。

民俗活动中蕴含的道德观念、宗教信仰、审美标准等，是族群共同价值观的集中体现。这些价值观在反复地实践和传承中，不断被强化和内化，成为指导族群成员行为的重要准则，进一步巩固了族群的文化认同。

此外，民俗活动中使用的特定符号、标志、服饰、音乐、舞蹈等，都是族群文化认同的重要标志。这些符号在族群内外广泛传播，成为识别族群身份、表达文化认同的重要手段。其不仅增强了族群内部的凝聚力，也提高了族群在更大社会范围的可见度和影响力。

四、调节功能

民俗文化的调节功能，是指民俗活动中包含大量的娱乐、宣泄、补偿等元素，这些元素能够通过特定的方式和形式，使人类社会生活和心理本能得到调剂和平衡。

（一）娱乐功能

民俗文化中的许多活动都富有娱乐性，如节日庆典、民间歌舞、戏曲表演等。这些活动通过丰富多彩的形式和内容，为人们提供了愉悦身心的机会，有助于缓解生活压力，促进身心健康。

例如，山东济南一带盛行的趵突泉新春花灯会，即具有鲜明的娱乐功能。通过参与民俗活动，人们能够体验到节日的喜庆、仪式的庄重、传说的神秘等多样化的情感，这些情感体验能够丰富人们的精神世界，满足人们的精神需求。

值得一提的是，民俗文化的娱乐功能不仅是人们精神生活的重要组成部分，也是民俗文化得以传承和发展的重要动力。

（二）慰藉和宣泄功能

民俗活动往往伴随着丰富的情感表达，如春节的团圆、清明节的祭祖等，这些活动能够满足人们对亲情、归属感和安全感的需求。在参与民俗活动的过程中，人们能够感受到来自家庭和社会的温暖与关怀，从而得到情感上的慰藉。

此外，民俗活动中的娱乐、游戏等环节往往具有释放压力的作用。通过参与这些活动，人们可以暂时忘却烦恼、放松心情，达到释放压力的效果。

（三）补偿功能

民俗文化具有一定的补偿功能。在现实生活中，人们可能会遇到各种不如意的事情，如疾病、灾难、失败等。民俗文化中的某些元素或活动，如祈福仪式、神话传说等，可以为人们提供一种精神上的补偿和安慰。

例如，许多民俗活动具有较强的仪式性，这种仪式性能够引导人们进行心理调适。当人们在现实生活中面临生活压力或困境时，参与一些具有象征意义的民俗活动，可以帮助人们缓解焦虑、调整心态，重新找回生活的信心和动力。

五、审美功能

民俗文化能对社会成员心理产生悦耳悦目和悦神悦意的审美作用。通过参与民俗活动，人们能够感受到其独特的艺术魅力和文化内涵，从而获得心理上的愉悦和满足。这种审美愉悦不仅有助于缓解生活压力，还能提升人们的精神境界和幸福感。

（一）审美价值多元化

民俗是一种独特而丰富的艺术表现载体，其审美价值体现在形式美和内涵美两个维度。

1. 形式美

民俗文化在表现形式上展现出独特的艺术性和审美价值。这些形式美往往通过具体的物质载体或活动场景得以体现。

例如，热闹的节日庆典，通常以其宏大的场面、丰富的色彩和热闹的氛围著称，能够给人们带来强烈的视觉冲击和审美享受。

又如，民间工艺品是民俗文化的重要组成部分。从精美的剪纸、刺绣，到生动的泥塑、面塑……这些工艺品无不展现出独特的艺术风格和精湛的技艺水平，让人们在欣赏民俗作品时，感受到形式美的魅力。

2. 内涵美

民俗文化还具有较强的内涵美。这种内涵美往往通过参与民俗活动、了解民俗事象等方式得以展现。

例如，民俗文化中蕴含着丰富的传统美德，如尊老爱幼、诚实守信、勤劳勇敢等，体现了民俗文化的内涵美。

（二）美育功能

民俗文化中蕴含着丰富的形式美和内涵美，民众通过参与民俗活动、欣赏民俗艺术品，能够接触到多样化的审美对象，从而培养起独特的审美观念和审美情趣。审美观念的形成，有助于提升人们的审美素养，使人们在日常生活中能够发现并欣赏美的事物，享受美的愉悦。

1. 直观视觉冲击力和真实审美体验

民俗文化的过程性和活态形展示能为民众带来直观视觉冲击力和真实

审美体验。民俗文化是一种活的文化形式，也是千百年来人民群众在真实的生产、生活中形成的，其展演形式具有直观性。

例如，庙会、节庆活动，其呈现方式是真实的、直观的、流动的，受众参与其中，在逛庙会和观看戏曲、剪纸、雕刻等文艺表演或工艺品制作的过程中，能够全方位、沉浸式地体现和感受民俗文化的独特魅力，受到民俗文化的审美熏陶，在潜移默化中感受美、欣赏美、享受美，受到美的教育。

2. 内心情感宣泄带来审美体验

民俗文化具有宣泄情感的功能，能够激发受众内心潜在的情感，并通过各种有趣的民俗活动将其宣泄出来。

例如，斗羊等游艺类民俗活动中，受众通过训练、围观羊与羊之间热烈而惊险生动的角斗比赛，能够宣泄自我内心的情感，感受到力与美相结合的审美体验。

3. 增强受众的民族文化审美认同

民俗文化作为一个国家或民族的智慧结晶，凝聚着国家或民族的生活情趣、工艺水准和审美理想。受众通过欣赏赏心悦目的民俗文化，参与民俗表演，能够直观地感受到其中蕴含的国家或民族的独特审美倾向，从而有利于受众增强对民族文化的理解和认同，并且自动自觉地加入到维护本国家或本民族的民俗文化保护与传承的队伍。

第二章　山东民俗类非遗项目概述

第一节　山东民俗类非遗概述

山东是中国古代文明的发祥地之一，也是中华民族诞生、发展、繁衍的摇篮之一。其境内中部山地突起，西南、西北低洼平坦，东部缓丘起伏，形成以山地丘陵为骨架、平原湖泊交错环列其间的地形地貌。地理环境复杂多样，群山丘陵连绵起伏，平原大川交映生辉。多彩的地理样貌、多变的气候和悠久的历史文化，孕育了丰富的民俗文化。

一、山东民俗的历史沿革

山东民俗的形成是一个复杂的历史过程，其形成与演变深受历史、地理、文化等多种因素的影响。

（一）早期形成阶段

数十万年前，"沂源猿人"即在山东泰沂山区落户。此后，山东先民们不断朝四周迁移。到了新石器时代，原始先民的生产力大大提高，民俗也随之诞生。这些民俗代代传承、流变，逐渐形成了丰富多彩的山东民俗。

商周时期，受地理、历史、政治因素的影响，山东各地的民俗呈现出列国殊俗的现象。春秋、战国时期，伴随着孔子和孟子两位大教育家的出现及其学说的逐渐形成，逐渐树立了齐鲁礼仪之邦的形象，构建了以“礼”为核心的山东民俗。

（二）发展与融合阶段

秦代大一统封建王朝建立后，山东民俗依然保持着“礼”为核心的民俗特质。自秦代至清代，历经数千年发展，山东民俗的内核从未改变。然而，受历史审美、移民文化等因素的影响，山东民俗呈现出稳定发展与局部变迁同时存在的特点。

1. 移民文化对山东民俗的影响

魏晋南北朝时期，受历史政治的影响，包括山东人口在内的北方人口大量南迁，促进了南北方文化的大融合。在这一过程中，山东民俗文化受到北方少数民族文化和南方文化的影响。

唐代“安史之乱”时期，山东、河北、河南作为主战场，对山东地区的经济和社会发展带来了严重破坏，造成原地区人口大量流失。许多山东人为躲避战乱，迁移到他处谋生。

宋金战争期间，黄河流域成为主战场。山东人民为躲避战乱，不得不再次南迁。大批少数民族人口趁机迁入山东，与山东原有人口进行融合，为山东民俗文化的进一步变异与发展奠定了基础。

元末明初，政治腐朽，统治者对百姓的剥削日益加剧，加上黄河泛滥，洪水与疾病等多重灾害威胁着山东人民的人身财产安全，造成山东人口锐减。明代政权成立后，组织大规模移民，其中包括山西等地百姓。大量移民带来了新的民俗文化，与山东原有民俗文化相互影响，再次促进山东传统民俗的变迁。

清末民初，山东一带的劳动人民纷纷过江到东北闯荡，俗称“闯关东”。他们把山东的传统民俗带到东北，同时也把东北的部分民俗带回了山东，对山东民俗的发展与变迁做出了较大贡献。

2. 京杭大运河对山东民俗的影响

京杭大运河的开通促进了南北文化的交流，山东地区的德州、临清、聊城、济宁等大运河沿岸城镇的风俗受到大运河的影响，吸纳了南来北往的文化，对当地的风俗文化产生了较大影响。

（三）近现代变迁阶段

近代以来，受历史、政治的影响，山东民俗经历了显著变迁。近代西方外来文化的渗透，为山东传统民俗注入了新的活力与元素，使其在保持本土特色的同时，展现出国际化的风貌。

抗日战争和解放战争期间，山东作为我国北方重要的革命根据地之一，其民俗文化中融入了浓厚的革命因素。例如，革命歌曲、革命舞蹈、革命故事等广泛传播，其不仅激励了山东劳动人民的革命斗志，也极大地丰富了山东传统民俗文化的内涵。

中华人民共和国成立后，随着社会主义建设的全面展开，山东民俗得到了前所未有的重视与保护。山东省各级政府积极推动民俗文化的传承与发展，通过举办各种文化活动、节庆活动，加强对非物质文化遗产的保护，使山东民俗焕发出崭新的生机与活力。

20 世纪七八十年代以来，伴随着我国改革开放进程的不断深入，以及社会主义市场经济的持续发展，山东民俗也迎来了全新的发展机遇。随着人民生活水平的显著提高和思想的进一步解放，山东民俗在保持传统精髓的基础上，更加积极地拥抱现代化。

近年来，新技术层出不穷，特别是互联网、大数据、人工智能等技术的广泛应用，为山东民俗文化的传承与发展注入了强大的动力。新技术不仅让古老的民俗文化得以更好地传承，还为其与现代社会的融合与创新提供了无限可能。

适应社会经济发展的新风新俗与山东古老的民俗文化相结合，使得山东民俗在保持深厚文化底蕴的同时，也充满了时代感和创新性。这种新旧交融、古今并蓄的特点，让山东民俗在全球化与本土化的双重语境下，展现出了独特的魅力与风采。

二、山东民俗的特征

山东民俗呈现出地域性、礼俗性的鲜明特征。

（一）山东民俗的地域特征

山东陆地面积达15.67万平方千米，地貌复杂多样，其民俗文化具有鲜明的地域特征。

按照山东境内的地形和地貌划分，山东大体可以划分为鲁中、鲁西、鲁西南、鲁南、山东半岛、鲁西北和鲁北地区。多样的地貌和多元的气候形成了山东各地丰富多变的民俗。

1. 鲁中地区

鲁中是山东中部的简称，位于古代齐文化的中心，这里有古老、绵长的齐长城，其既是古代的重要军事防护体系，也是鲁中与鲁西北、鲁北地区的分界线。

鲁中地形以山地和丘陵为主，平原盆地间或交错，地势高低错落，气势恢宏，构成了独特的自然景观。这里还是山东省连接东西、贯穿南北的重要区域，对当地民俗的形成与发展产生了极大影响。

鲁中地区多样的地形为农业发展提供了多样化的条件。山地和丘陵地区土壤肥沃，但地势起伏，适合种植果树、茶叶、中药材等经济作物，以及部分耐旱作物。这种地形特点影响了当地的农业生产结构，使得农产品种类丰富多样。平原盆地地区地势平坦，土壤肥沃，水资源丰富，是粮食生产的主要区域。小麦、玉米、大豆等粮食作物在这里广泛种植，为当地居民提供了稳定的食物来源。

农业生产的特点直接影响了当地人的饮食习惯。鲁中地区的人们擅长利用丰富的农产品制作各种美食，如面食、蔬菜、水果等。特别是面食，在鲁中地区饮食中占据重要地位，这与当地小麦产量高、面食制作技艺精湛密切相关。此外，鲁中地区靠近海洋，沿海地区的人们还善于利用海鲜资源，形成了独特的海鲜饮食文化与特色民俗活动。

除了农业生产外，鲁中独特的地形地貌对当地的建筑、交通、商贸、手工业、节庆民俗均产生了深远的影响。例如，一些山区和丘陵地区的居民会利用当地的自然资源举办丰收节、采摘节等民俗活动，还围绕泰山等高山形成了碑刻石刻民俗，以及庙会等丰富多彩的节庆民俗；平原盆地地区的居民则会在传统节日期间举办庙会、灯会等民俗活动。

2. 鲁西、鲁西南和鲁南地区

鲁西、鲁西南和鲁南地区位于齐长城的南部，与河南、安徽、江苏等省接壤。其中，鲁西地区主要包括德州、聊城、菏泽、济宁、枣庄和泰安、济南部分县区等地，地形以平原为主，地势相对平坦，黄河等河流穿境而过，形成了丰富的河流水系。

鲁西南地区如菏泽、济宁等地，同样以平原为主，地势低平，土壤肥沃，是山东的重要农业区。此外，该地区还有部分丘陵地带，如靠近鲁中山区的部分区域。

鲁南地区包括临沂、枣庄、日照、泰安南部等地，地形相对复杂，既有平原，也有丘陵和山地。该地区地势较低，是典型的农耕经济区。

总体来看，鲁西、鲁西南和鲁南地区的丘陵和山地地区，民居建设受到地形的限制，往往依山而建，形成错落有致的布局。平原地区由于地势平坦，土地资源丰富，民居多选择集中建设，形成规模较大的村落。民居建筑多采用砖木结构，屋顶用瓦覆盖，以适应平原地区的气候特点。如鲁西南农村民居，就形成了前院后屋的居室布局。

平原地区地势平坦，土壤肥沃，水源充足，非常适合发展种植业。因此，这些地区的民俗活动多与农业生产相关，如春种秋收、农事节庆等。丘陵和山地地区虽然也有种植业，但更多地发展林业和畜牧业。这些地区的民俗活动也会相应地体现出林业和畜牧业的特色，如祭祀、放牧活动等，具有较强的地域色彩。

例如，济宁作为鲁西南的文化重镇，自古以来就是农业、商业以及文化重镇，是一座名副其实的历史名城，形成了独具地域特色的民俗文化。济宁是儒家文化的发源地，孔子、孟子等儒家思想代表人物均出生于此。儒家文化强调“仁、义、礼、智、信”，这些思想深刻影响了济宁的民俗文化。例如，济宁地区的节庆活动、婚丧嫁娶等习俗中，都蕴含着儒家文化的精髓，如尊重长辈、注重礼仪、讲究诚信等。

济宁地处京杭大运河的中段，京杭大运河的开通不仅促进了济宁的商业繁荣，也带来了各地文化的交流与融合，对济宁的民俗文化产生了深远的影响。在济宁的民俗文化中，有许多与运河相关的元素，如运河号子、运河船工舞等，共同构成了济宁独特的民俗文化。

又如，临沂是古代东夷文化的发祥地，历史悠久，地形以平原和丘陵为主，同时也有部分山地。这种地形地貌特征使得临沂的民居建筑在布局和风格上呈现出多样性。在平原地区，民居相对集中，院落布局规整。在丘陵和山地地区，民居则更加分散，且为了适应地形，房屋建造时多采用石质材料，建筑风格也更为多样。

临沂的地形地貌对当地的农业生产方式产生了深远而显著的影响，形成了多样化的农业生产方式和别具一格的民俗活动。例如，春节、元宵节期间，临沂地区会举行一系列丰富多彩的民俗活动。如，大年初一拜年、贴春联、放鞭炮，正月十五赏花灯、猜灯谜等传统习俗。此外，还有一些具有地方特色的民俗活动，如高跷、旱船、秧歌等民间艺术表演，极大地丰富了当地民众的文化生活。

3. 山东半岛

山东半岛是中国最大的半岛，三面环海，拥有漫长的海岸线和丰富的海洋资源，包含济南、青岛、烟台、淄博、威海、潍坊、东营、日照等城市。

山东半岛内部的地形地貌差异也导致了文化上的相对隔离和多样性。不同的地区根据自身的地理条件和社会环境，发展出了各具特色的民俗文化和活动，这些文化和活动在相互交流与融合中不断丰富和发展。

其中，山东半岛东部和南部多丘陵和山地，这种地形条件为农耕文化提供了多样化的生态环境。在山地地区，人们利用梯田种植农作物，形成了独特的农耕习俗和节日庆典，如春季的农耕节、秋季的丰收节等，这些活动不仅庆祝农作物的丰收，也加强了邻里间的互助与合作。山地地形还孕育了丰富的民间艺术和手工艺，如剪纸、泥塑、刺绣等，这些艺术形式往往与当地的自然风光和人文历史紧密相连。

山东半岛内河流纵横，如胶莱河等，为农业生产提供了充足的水源，也促进了水上交通和贸易的发展。沿河地区形成了独特的水乡文化和民俗活动，如赛龙舟、放河灯等，这些活动不仅丰富了民众的文化生活，也寄托了人们对美好生活的向往。

沿海地区则产生了众多与海洋相关的民俗活动，海洋捕捞、海产品加工等经济活动也孕育了独特的饮食文化，如海鲜宴、渔家宴等，成为地方民俗的重要组成部分。

以青岛为例。

青岛位于海滨地区，渔业一直是当地重要的经济活动之一。每年夏季，居民会举行盛大的渔民节庆祝活动，展示渔家生活的特色。人们可以欣赏到传统的捕鱼技艺、渔船游行和海上灯塔的烟火表演。此外，每年夏季，在青岛啤酒博物馆会举行盛大的啤酒节庆祝活动。届时，来自世界各地的游客可以品尝到正宗的青岛啤酒，并参加各种娱乐活动和音乐演出。这是一个展示青岛酿酒传统的绝佳机会。

再以威海为例。

威海位于山东半岛东部，北、东、南三面濒临黄海，海岸类型属于港湾海岸，海岸线曲折，岬湾交错，多港湾、岛屿。北部与辽东半岛相对，东部与朝鲜半岛隔海相望，西部与烟台市接壤，形成了独具特色的渔民民俗活动。其中，渔民开洋、谢洋节最具代表性，反映了渔民祈求平安、丰收的朴素愿望。

4. 鲁西北和鲁北地区

鲁西北和鲁北地区指山东省内位于黄河以北的地区，南面黄河，北靠冀中南地区，西邻豫北地区，东临渤海，包括德州市、聊城市、滨州市，以及东营市的河口区、利津县和济南市的商河县、济阳区，境内陆路、河运、海运交通发达。

该地区海拔普遍较低，地形以平原为主，除东南部有少量的低山丘陵外，大部分地区地势相对平缓，多是平原组成的开阔地，由黄河泛滥、泛淤，冲击而成，适合发展农业。

鲁西北和鲁北地区的民俗文化与其他地区不同，形成了诸多历史悠久的庙会和集市，以及特色民俗节庆活动。

从总体上来看，山东民俗文化呈现出“十里不同风，百里不同俗”的地域性色彩。从鲁中的山区到鲁西南的平原，再到山东半岛和鲁北的沿海，每个地区都有其独特的民俗活动和文化传统。这些民俗活动不仅丰富了当地人民的文化生活，也展现了山东深厚的历史文化底蕴和独特的文化魅力。

（二）山东民俗的礼俗特征

山东是儒家思想的发源地，也是孔子的故乡，号称“孔孟之乡，礼仪之邦”，其民俗文化深受儒家思想的影响，处处彰显着深厚的礼俗特征。这些特征不仅体现在宏大的社会仪式中，更渗透于日常生活的细微之处。

1. 人生礼仪中的礼俗特征

在山东，人生的重要节点如出生、成年、婚嫁、寿诞等，都伴随着一系列庄重的礼仪习俗，这些习俗不仅是对个人生命历程的庆祝，更是对传统文化道德的传承与弘扬。

以婚俗为例。

山东的婚嫁礼俗源远流长，注重礼仪和程序，庄重而热闹，充满了喜庆和吉祥的氛围。

从提亲、订婚到婚礼的每一个环节，都充满了庄重与正式。提亲时，男方家庭需准备丰厚的礼物，以示诚意与尊重；订婚则是双方家庭正式确认婚姻关系的重要仪式，往往伴随着交换信物、宴请亲友等活动；而婚礼更是整个婚嫁过程中的高潮，不仅有各种礼节，如迎亲、拜堂、敬酒等，还有热闹的庆祝活动，如舞狮、放鞭炮等，这些都体现了山东人对婚姻大事的极度重视和对传统礼仪的坚守。

婚姻不仅是两个人的结合，更是两个家庭的联姻。在山东的婚嫁习俗中，这种孝道与家庭观念得到了充分的体现。婚礼上，新郎新娘需向双方父母行礼，表达对他们的感激与尊重。同时，婚礼的筹备与进行也往往需要整个家族的参与和支持，这既体现了家族成员之间的紧密联系，也强化了家族观念在婚姻中的重要性。

在山东的婚嫁习俗中，尊老爱幼的传统美德也得到了很好的传承。婚礼上，长辈们往往会被安排在前排就座，并接受新人的敬酒与祝福。同时，在婚礼的庆祝活动中，也会特别关照年幼的亲友，如准备适合儿童的游戏与食物等。这些细节之处都体现了山东人对尊老爱幼这一传统美德的坚持与践行。

再以寿诞为例。

在山东，为老人庆祝寿诞是一项重要的家庭活动。子女们会提前准备寿桃、寿面等象征长寿的食品，并邀请亲朋好友共同庆祝。寿宴上，晚辈们会向长辈敬酒、献寿礼，表达孝心与祝福。

2. 日常生活习俗中的礼俗特征

山东人的日常生活也充满了礼俗的气息，这些习俗不仅规范了人们的行为举止，还促进了家庭和社会的和谐。

（1）尊老爱幼。在山东，尊老爱幼被视为一种基本的美德。无论是家庭聚会还是社会交往，长辈总是受到特别的尊重和照顾。同时，山东人也非常注重培养孩子们的礼仪素养，从小教育他们尊敬长辈、关爱弱小。

（2）待客之道。山东人热情好客，待客之道极为讲究。当有客人来访时，主人会提前准备好丰盛的饭菜和茶水，以表达对客人的欢迎和尊重。在餐桌上，主人会主动为客人夹菜、敬酒，营造出温馨和谐的氛围。

（3）节日庆典。山东的传统节日庆典丰富多彩，如春节、元宵节、中秋节等。在这些节日里，人们会举行各种仪式和活动来庆祝和祈福。这些庆典活动不仅加深了家庭成员之间的感情联系，还增强了社区的凝聚力和归属感。

（4）尊师重教。山东人历来重视教育，尊重教师，认为教育是国家之根本，教师则是传承文化、培育人才的关键。在山东，学生会对老师表现出极高的敬意，家长也会积极配合学校的教育工作，共同为孩子的成长创造良好的环境。

3. 饮食民俗中的礼俗特征

山东的饮食民俗十分独特，处处体现出餐桌礼仪。

例如，在山东的餐桌礼仪中，座位安排是至关重要的。主人会根据客人的身份、地位和关系等因素精心安排座位。在山东，用餐时非常注重餐具的使用。碗、筷子、盘子、酒杯等餐具都有其特定的使用方法。在山东的饮食文化中，还存在一些特殊的习俗与禁忌。例如，在春节期间，家家户户都要吃饺子，寓意着团圆和幸福。在一些隆重的场合，有的地方还形成了四四席等特殊的饮食礼仪。

三、山东民俗类非遗名录

山东作为中国的文化大省，其民俗类非物质文化遗产项目丰富多彩，具有深厚的文化底蕴和独特的地域特色。

2006～2022年，山东省人民政府先后发布了五批省级非物质文化遗产保护名录。各批次中均包含民俗类非物质文化遗产（见表2－1）。

表2－1　山东省民俗类省级非物质文化遗产代表性项目名录

批次	编号	项目名称	申报地区或单位
第一批	10－1	宁阳端午彩粽习俗	宁阳县
	11－1	泰山石敢当习俗	泰安市
	11－2	桃木雕刻民俗	肥城市
	14－1	祭孔大典	曲阜市
	14－2	惠民胡集书会	惠民县
	14－3	泰山东岳庙会	泰安市

续表

批次	编号	项目名称	申报地区或单位
第一批	14－4	泰山封禅与祭祀习俗	泰安市
	14－5	渔民节祭祀仪式	荣成市
	14－6	渔民节	日照市
	14－7	周戈庄上网节	即墨区
	14－8	渔灯节	烟台市
	14－9	海云庵糖球会	青岛市四方区
	14－10	天后宫新正民俗文化庙会	青岛市
第二批	X－14	千佛山庙会	济南市
	X－15	仿山山会	定陶县
	X－16	桃源花供	曹县
	X－17	长岛显应宫妈祖祭典	长岛县
	X－18	宁阳斗蟋	宁阳县
	X－19	周村古商城商贸习俗	淄博市周村区
	X－20	章丘铁匠习俗	章丘区
	X－21	转秋千会	莒县
	X－22	胶东花饽饽习俗	烟台市、文登区
	X－23	淄博花灯会	淄博市张店区
第三批	X－24	民间信俗（东岳大帝与碧霞元君信俗、莱阳豆面灯碗信俗、东镇沂山祭仪）	泰安市、莱阳市、临朐县
	X－25	民间食俗（胶东饺子食俗、四四席食俗）	荣成市、淄博市博山区
	X－26	民间风俗（宁津斗蟋风俗、“串黄河”风俗）	宁津县、文登区
第四批	X－27	珠算文化	山东珠算协会、蒙阴县
	X－28	民间食俗（山东煎饼习俗、泰山豆腐宴食俗、博山正觉寺禅修茶道）	山东省民俗学会、泰安市泰山区、淄博市博山区
	X－29	民间习俗（东夷渔祖郎君庙会、蓬莱阁庙会、寿光蔬菜生产习俗、青州宣卷、峄山会、毓璜顶庙会）	青岛市城阳区、蓬莱市、寿光市、青州市、邹城市、烟台市
	X－30	民间信俗（孙膑崇拜、泰山玉习俗、泰山祭祀习俗、成山祭日、中元节习俗）	昌邑市、泰安市岱岳区、泰安市、荣成市、莱芜市

续表

批次	编号	项目名称	申报地区或单位
拓展2016	X－22	民间习俗（胶东花饽饽习俗）	栖霞市、莱州市、烟台市牟平区
第五批	X－31	民间礼俗（崂山鲅鱼礼俗、宁阳四八宴席与酒礼）	青岛市崂山区、宁阳县
	X－32	祭孟大典	邹城市
拓展项目	X－22	民间习俗（趵突泉新春花灯会、文登活报、恩城鸽子会、泰山文石鉴赏习俗）	济南市、威海市文登区、平原县、山东省体育局
	X－28	民间食俗（胶东花饽饽习俗、胶东沿海八仙筵席、蒙山喜宴、岚山煎饼食俗、燕喜堂宴席习俗）	烟台市莱山区、荣成市、平邑县、日照市岚山区、山东省商务厅
	X－30	民间信俗（红光祭海节、祭海、“三月三”庙会）	东营市垦利区、海阳市、德州市陵城区

注：《山东省第一批省级非物质文化遗产名录》中并未设立“民俗”类目，本表将其中的岁时节令、民间信仰、文化空间归为民俗类非物质文化遗产项目。

资料来源：山东省人民政府网。

除山东省省级民俗类非物质文化遗产之外，一些民俗类非物质文化遗产传承项目还入选了国家级非物质文化遗产名录（见表2－2）。

表2－2　山东省国家级民俗类非物质文化遗产代表性名录

序号	编号	名称	公布年份	类型	申报地区或单位	保护单位
1	X－35	祭孔大典	2006（第一批）	新增项目	山东省曲阜市	曲阜市公共文化服务中心（曲阜市文化馆、曲阜市图书馆、曲阜市非物质文化遗产保护中心）
2	X－53	泰山石敢当习俗	2006（第一批）	新增项目	山东省泰安市	泰安市泰山风景名胜区管理委员会（泰山林场）

续表

序号	编号	名称	公布年份	类型	申报地区或单位	保护单位
3	X－59	胡集书会	2006（第一批）	新增项目	山东省惠民县	惠民县文化馆（惠民县非物质文化遗产保护中心）
4	X－71	元宵节（淄博花灯会）	2014（第四批）	扩展项目	山东省淄博市张店区	淄博市张店区文化馆（淄博市张店区书画院、淄博市张店区美术馆）
5	X－72	渔民开洋、谢洋节	2008（第二批）	新增项目	山东省荣成市	山东院夼实业集团有限公司
6	X－72	渔民开洋、谢洋节	2008（第二批）	新增项目	山东省日照市	日照市东港区北京路街道办事处
7	X－72	渔民开洋、谢洋节	2008（第二批）	新增项目	山东省即墨区	青岛市即墨区田横岛省级旅游度假区周戈庄村经济合作社
8	X－81	灯会（渔灯节）	2008（第二批）	新增项目	山东省烟台市	烟台经济技术开发区文化馆
9	X－84	庙会（泰山东岳庙会）	2008（第二批）	新增项目	山东省泰安市	泰安市旅游协会
10	X－85	民间信俗（东镇沂山祭仪）	2014（第四批）	扩展项目	山东省临朐县	临朐县文化艺术中心
11	X－87	抬阁（芯子、铁枝、飘色）（阁子里芯子）	2008（第二批）	新增项目	山东省淄博市临淄区	临淄区文化事业发展服务中心
12	X－87	抬阁（芯子、铁枝、飘色）（周村芯子）	2008（第二批）	新增项目	山东省淄博市周村区	淄博市周村区文化馆
13	X－87	抬阁（芯子、铁枝、飘色）（章丘芯子）	2008（第二批）	新增项目	山东省章丘市	济南市章丘区文化馆
14	X－122	中元节（莱芜中元节习俗）	2021（第五批）	扩展项目	山东省济南市莱芜区	济南市民俗学会

注：表格中的“山东省章丘市”已经改为“济南市章丘区”。
资料来源：中国非物质文化遗产网·中国非物质文化遗产数字博物馆。

第二节　山东民俗类非遗的类型

山东民俗类非物质文化遗产的类型十分丰富，包括家族民俗、村落与居住民俗、服饰与行旅民俗、人生礼仪民俗等多种类型。

一、家庭与家族民俗

家庭与家族是以血缘为纽带组合而成的社会关系，通常包括一辈或几辈的人。民俗主要包括家庭与宗族构成、亲属称谓、族规与家法等。

（一）家庭与家族构成

不同国家和民族的家庭构成也不尽相同，汉族家庭结构通常包括父亲、母亲、兄弟姐妹，以及爷爷、奶奶等。父母双方共同承担生产和生活的责任与义务，孝敬老人，教育孩子。

家族则包括同一血统的多辈人，为了确保家族族属长幼有序、代代不乱，往往会为家族成员排辈。山东省历史上曾有孔、孟、颜、曾等有影响的大家族，全国一姓同谱，确保家族流传有序。

（二）亲属称谓

山东地域较广，不同地区的家庭和家族亲属称谓也有所不同。一般而言，有口语和书面语的区别。

子女当面称呼父亲为：“爹”“大”“达达”“爸爸”等；书面称呼父亲为“家父”“父亲”“老爹”“老爷子”等。

子女当面称呼母亲为：“娘”“娘娘”“妈妈”等；书面或对人称：“家母”“母亲”“老太太”等。

称呼祖父为“爷爷”，曾祖父为“老爷爷”，高祖为“老老爷爷”、

"太老爷爷"；称呼祖母为"奶奶""婆""娥嫉"等；曾祖母为"老奶奶""老妈妈（ma）"；高祖母为"老奶奶""老老妈妈（ma）""太老奶奶"。

这些称谓不仅反映了家族成员之间的关系，也体现了山东各地的文化和习俗差异，彰显出山东人民对家族关系的重视和尊重。

（三）族规与家训

族规家训由族长、房长、乡绅等共同制定和维护，旨在确保家族的和谐与繁荣。族规家训不仅约束着族人的行为，也在潜移默化中塑造着家族成员的价值观和生活方式。

例如，山东孔氏家族的族规与家训内容十分丰富，涉及家族内部的层级结构和权威体系、强调家族成员之间的亲情和道义、家族子弟的教育、婚姻、日常行为规范等。

二、村庄与居住民俗

村庄与居住民俗包括村庄的规划与命名、院落建筑与布局等。

（一）村庄的规划与命名

山东的村庄一般称为"村""庄""疃"等，全省拥有近 10 万个大大小小的自然村落，平原地区的村落一般分布较为密集，山区村落的分布相对较为零散。村庄内部，村民的房屋排列较为紧密，房屋布局以坐北朝南为主。

山东村庄的命名方式多种多样，这些命名方式往往反映了村庄的地理环境、历史文化、社会变迁等多方面的因素。有的村庄为某一姓氏的家族迁移至此并定居下来而形成的，这类村庄常以姓氏命名，如高家庄、赵庄等；有的村庄以地形地貌、景观和方位特征命名；有的村庄以自然地理实体命名、以重要的道路或桥梁命名、以名胜古迹命名；有的村庄以名人或较大的事件命名，如管帅村、相公庄等；有的以树木花草命名；还有的以村庄大小、数目或村民的理想愿望命名，如大窑村、小窑村、翰林沟等。

（二）院落建筑与布局

山东的民居院落布局有四合院、三合院，以及庄园、府第、园林等。

四合院是山东传统民居中最为典型的院落形式之一，由正房、倒座、东西厢房四面围合而成，院落内通常设置井和庭院，以供活动和采光。这种布局形式不仅有利于家庭生活的私密性，还能有效地利用土地资源，形成和谐统一的空间结构。在山东，尤其是济南等地区的旧城区，四合院分布广泛，且多保留着清代甚至明代的建筑风貌。

三合院与四合院相比，缺少倒座房屋，只有正房和东西厢房三面围合。其布局灵活多变，既适应了山区的地形条件，又满足了居民的居住需求。除了四合院和三合院外，山东还有一些规模宏大的庄园、府第和园林建筑。这些建筑往往集居住、休闲、观赏于一体，体现了山东地区高超的建筑艺术和丰富的文化内涵。

三、服饰与行旅民俗

山东作为我国的经济和文化大省，拥有悠久的历史和丰富的文化遗产，服饰与行旅民俗十分丰富。

（一）服饰民俗

山东古代桑蚕业相当发达，自古以来就是我国重要的丝织品产地，在数千年的发展中形成了朴质、素雅的服饰民俗，主要包括家居服饰、婚丧服饰、儿童服饰、纺织、印染、缝制、贸易、洗晒以及保存等方面。

山东是我国棉、麻、桑的主要产区之一，优越的地理位置和自然条件为山东纺织业的发展提供了先决条件。战国时期，齐国的丝织业已达到“冠带衣履天下”的成就，丝绸种类繁多。传统服饰的面料以棉布、麻布、丝绸为主，制作工艺精湛。

山东服饰民俗不仅体现了地域特色和气候条件的影响，还与社会文化、礼仪制度等紧密相关。传统服饰多为肥大、宽松的样式，结构简单、舒展，以对称规矩的造型为主，注重实用和舒适。男性常穿长袍和长裤，女性则身穿旗袍或对襟衫，下身搭配长裙或裤子。婚丧等特殊场合需要穿特定的服饰。

（二）行旅民俗

行旅民俗指行人往居住地与其他地点时形成的民俗。其与饮食、服饰、居住民俗一样，在人类的日常生活中占有十分重要的地位。

山东地形多样，民间行旅中除步行外，还依赖各种陆路和海上交通工具，主要有大车、小车、轿车、轿、船等。此外，行人离家时，启程与迎送以及出行禁忌都有一定的讲究。

例如，行人出远门时，往往在上路前与亲朋好友辞别，家人或亲友视情况为行人设置告别宴。宴席上的食品以及礼仪均有一定的规范。行人归来，或客人到来时，主人则以特定的礼俗表达对行人或客人的热情与尊重。

除上述民俗类型之外，山东民俗还包括生产民俗、集贸民俗、饮食民俗、岁时节日民俗、游艺民俗等。这些将在下文进行详细分析，这里不再赘述。

第三节 山东民俗类非遗的分布

山东省民俗类非物质文化遗产的分布广泛且多样，反映了山东丰富的历史文化和地域特色。根据山东省省级非物质文化遗产名录以及青岛市、淄博市、枣庄市、烟台市、威海市、日照市、潍坊市、东营市、滨州市、德州市、聊城市、泰安市、济宁市、菏泽市、临沂市等各市近年来发布的市级非物质文化遗产名录中的民俗类目（见附录Ⅰ）来看，山东各地的民俗非物质文化遗产项目分布地域十分广泛，并形成了各具特色的民俗文化带。

一、大运河文化带

京杭大运河是我国古代重要的交通干线之一，其自隋代开凿以来，历经多个朝代的修葺与利用，极大地促进了南北方的物资交流、人员往来和文化整合。从文化视角来看，京杭大运河不仅是一条贯穿南北交通的“大动脉”，还是一条独具魅力的文化之河。千百年来，京杭大运河不仅带动了沿岸城市的经济发展，还极大地促进了沿岸城市民俗文化的发展。

京杭大运河在山东境内流经德州、聊城、泰安、济宁和枣庄 5 个地级市 18 个县级市，约占大运河总长的 1/3。山东上承京津冀、下接长三角，是京杭大运河的咽喉要道。大运河贯通南北，沟通往来，对沿岸城镇的民俗文化产生了重要影响。

（一）节庆民俗的融合

在德州、临清、聊城等地，由于京杭大运河的流通，南北方文化在此交汇，使得当地的民俗节庆活动既保留了山东本地的传统习俗，又融入了江南等地的特色。

例如，春节、元宵节等传统节日，当地节庆民俗不仅包含山东地区的舞龙舞狮、剪纸、面塑等活动，又引入了江南地区的灯会、猜灯谜等习俗，形成了独特的运河节庆民俗。

（二）饮食民俗的交融

京杭大运河的繁荣促进了南北饮食文化的交流与融合。大运河沿岸城市作为商业往来的贸易中心，货运贸易发达，人员往来繁密。在长期的贸易往来和文化交流中，当地的饮食文化在继承传统饮食民俗的基础上，不可避免地受到南方烹饪技艺、烹饪方式和口味偏好的影响，从而使得当地的饮食民俗更加丰富多彩。

（三）社会结构与生活方式的变迁

京杭大运河的开通和繁荣不仅改变了沿岸地区的经济格局，也深刻影响了当地的社会结构和生活方式。运河沿岸的码头城镇逐渐发展成为商业繁荣、人口密集的地区，这种变化促使当地居民在生活方式、社会习俗等方面发生了一系列变迁。

例如，商业贸易的繁荣使得人们更加注重诚信、合作等商业道德；人口的流动则促进了不同文化之间的交流与融合，使得当地人的思想观念更加开放包容。

（四）民俗信仰与民间传说的传播

运河沿岸的民俗信仰和民间传说也在交流中得到了广泛传播。例如，关于运河开凿的传说、运河上的神灵信仰等，在德州、临清、聊城等地都有各自的版本和表现形式。这些信仰和传说不仅丰富了当地人的精神世界，也成为连接过去与现在、传统与现代的重要纽带。

值得注意的是，尽管京杭大运河对沿岸城市的民俗产生了深远影响。然而，由于大运河两岸自然地貌、气候以及工农业生产等方面的差异，沿岸地区在受到运河文化影响的同时，也保留了各自独特的地域特征。

例如，鲁西南流域的枣庄、济宁依山临河，受到孔孟文化的较大影响；鲁西北地区的聊城靠近黄河，不免受到黄河区域民俗的影响。

二、孔孟民俗文化带和泰山民俗文化带

泰山民俗文化带以山东腹地济南、青州、泰安、兖州为代表的政治、经济和文化中心。其中，兖州所辐射的是曲阜、邹城（孔孟之乡），而泰安则坐拥五岳之首的泰山。其形成了孔孟民俗文化带和泰山民俗文化带两

大民俗文化地带。

（一）孔孟民俗文化带

孔孟民俗主要集中在以兖州为辐射中心的曲阜、邹城等地。孔子和孟子作为古代教育家，为儒家学说的创设和发展做出了重大贡献。作为孔子故里的曲阜、孟子故里的邹城深受其影响（见表2-3、表2-4）。

表2-3　　曲阜市县级民俗类非物质文化遗产名录一览表

序号	民俗	批次	申报单位
1	祭孔大典	第一批	曲阜市文化馆
2	孔子世家谱	第一批	曲阜市文化馆
3	孔府婚庆礼仪	第一批	曲阜市文化馆
4	民间婚俗	第一批	曲阜市文化馆
5	生育习俗	第一批	曲阜市文化馆
6	春节习俗	第一批	曲阜市文化馆
7	二月二习俗	第一批	曲阜市文化馆
8	孔府丧葬礼仪	第一批	曲阜市文化馆
9	民间丧葬习俗	第一批	曲阜市文化馆
10	民宅建设习俗	第一批	曲阜市文化馆
11	九仙山庙会	第一批	曲阜市文化馆
12	至圣林门会	第一批	曲阜市文化馆
13	始祖文化	第一批	曲阜市文化馆
14	尼山庙会	第一批	曲阜市文化馆
15	回族婚嫁习俗	第三批	曲阜市文化馆
16	周制婚礼	第三批	曲阜市文化馆
17	阙里食礼	第四批	曲阜市文化馆
18	孔府宴起菜仪式	第五批	—
19	儒家礼仪	第六批	—
20	孔府楹联习俗	第九批	—

注：部分区级非物质文化遗产已入选市级甚至省级非物质文化遗产。
资料来源：曲阜市人民政府网站公开资料。

表 2－4　　邹城市县级民俗类非物质文化遗产名录一览表

序号	民俗	批次	申报单位
1	孟氏家谱	第一批	—
2	五宝庵山的传说及戏楼庙会	第一批	—
3	邹东乡宴	第三批	—
4	邹鲁礼乐	第四批	—
5	祭孟大典	第四批	—
6	祭祀伏羲女娲大典	第五批	—
7	伏羲庙会	第五批	—
8	孟府家宴饮食习俗	第六批	山东亚圣孟子文化研究院有限公司
9	邹鲁传统婚俗	第六批	城前镇中心店镇
10	扯络面的习俗	第六批	山东恒易源文化传媒有限公司
11	城前谜语	第六批	城前镇
12	香城古会	第七批	香城镇
13	伏羊节	第七批	城前镇
14	邹鲁传统婚俗	第七批	田黄镇

注：部分县级非物质文化遗产已入选市级甚至省级非物质文化遗产。
资料来源：邹城市人民政府网站公开资料。

从表 2－3 及表 2－4 可以看出，两地申报的民俗类非物质文化遗产项目大多与孔子或孟子相关。涉及建筑民俗、礼仪民俗、饮食民俗等多种类型。

（二）泰山民俗文化带

除了孔孟民俗文化带，泰山民俗文化带也是山东民俗中不可忽视的文化瑰宝。泰山民俗文化带以泰山文化为主导，融合了丰富的民俗节日、食俗、传统艺术、特产与手工艺等多元文化元素，构成了一道独特的文化风景线（见表 2－5）。

表 2-5　泰安市泰山区及岱岳区区级民俗类非物质文化遗产一览表

序号	民俗	批次	申报单位
泰山区	爬桥节	第一批	邱家店镇
	泰山豆腐宴	第四批	泰安大红船酒店管理有限公司
	泰山封禅御宴	第四批	泰安市泰山行宫御宴文化研究院
	周制·汉式·鲁国大婚	第五批	财源街道
	泰山祈福民俗	第十一批	泰安市民俗文化研究会
	泰山早席民俗	第十一批	山东鲁菜根餐饮管理有限公司
岱岳区	泰山玉习俗	—	岱岳区文化馆
	泰山孝道习俗	—	岱岳区文化馆
	泰山丧葬习俗	—	岱岳区文化馆
	泰山庆生习俗	—	岱岳区文化馆
	汶阳田农耕文明	—	岱岳区文化馆
	七月十五放河灯	—	岱岳区文化馆
	泰安老四样	—	岱岳区
	泰山茶道	—	岱岳区
	泰山年俗（正月十五上灯习俗）	第七批	泰安市岱岳区文化馆
	泰山开笔礼	第九批	泰安市岱岳区岳峰小学
	后周家院周氏家谱	第九批	世界中华周氏宗亲联谊总会 山东联席会泰安大汶口后周家院联谊处

注：部分区级非物质文化遗产已入选市级或省级、国家级非物质文化遗产。
资料来源：泰安市泰山区、岱岳区政府网站公开资料。

三、沿海民俗文化带

山东省有漫长的海岸线，沿海城市包括青岛、烟台、威海、日照和滨州等，山东沿海民俗文化带以东部地区荣成、蓬莱、长岛为代表的沿海民俗文化最具典型性（见表 2-6）。

表 2 – 6 荣成、蓬莱、长岛民俗一览表

序号	民俗项目	级别	批次
荣成市	渔民开洋、谢洋节	国家级	第二批
	胶东饺子食俗	省级	第三批
	成山祭日	省级	第四批
	胶东沿海八仙筵习	省级	第五批
	祭祀海神娘娘仪式	市级	第二批
	荣成海带食俗	市级	第四批
	胶东四合院民居习俗	市级	第七批
	赶庙会	县级	第一批
	成山头吃会	县级	第五批
	鸡鸣岛用水民俗	县级	第五批
	荣成面条食俗	县级	第六批
蓬莱区	蓬莱阁庙会	区级	第一批
	结婚习俗	区级	第一批
	殡葬习俗	区级	第一批
	大年初一晒马草	区级	第一批
	渔灯节	区级	第一批
	姚坊庙会	区级	第一批
	蓬莱小面的制作技艺	区级	第一批
	农历二月打灰根	区级	第一批
	登州海市文化	区级	第一批
	蓬莱酱驴肉制作技艺	区级	第一批
	寒食节	区级	第二批
	婴儿诞生习俗	区级	第二批
	慕氏八宝菜制作方法	区级	第二批
	“二人抬”豆腐的制作	区级	第二批
	上梁的习俗	区级	第二批
	立春吃春饼	区级	第二批
	北沟汤菜的制作	区级	第二批

续表

序号	民俗项目	级别	批次
蓬莱区	南王赶状节	区级	第二批
	鲅鱼饺子的制作	区级	第二批
	武林羊汤的制作技艺	区级	第二批
	丘祖庙会	区级	第二批
	刘氏杠子头的制作技艺	区级	第二批
	坐月子的习俗	区级	第三批
	生孩子挂弓箭和旗	区级	第三批
	出海打鱼的规矩	区级	第三批
	家谱文化	区级	第四批
长岛县	长岛显应宫妈祖祭典	省级	第二批
	鲅鱼水饺（长岛鲅鱼水饺）	市级	第六批
	庙岛显应宫庙会	县级	第一批
	长岛祭海习俗	县级	第一批
	庙岛盂兰盆会	县级	第三批

资料来源：荣成市、蓬莱区、长岛县政府官方网站公开资料。

（一）渔业生产相关的民俗文化

山东沿海地区的劳动人民大多以渔业生产作为谋生的手段，在长期从事渔业生产过程中，渔民们形成了丰富多彩的生产民俗、信仰民俗、饮食民俗。

海洋生产不同于陆地，其具有较强的不确定性，与海洋环境的变化、气候系统的复杂性息息相关。因此沿海劳动人民在长期生产中形成了诸多丰富、多样的朴素信仰和仪式。

这些独特的民俗文化不仅具有较强的仪式性，还蕴含着丰富的海洋生态知识和渔民的智慧结晶。

（二）海洋饮食民俗文化

俗话说“靠山吃山，靠海吃海”。沿海地区的饮食文化以海鲜为主，如鲅鱼水饺、蓬莱小面、荣成海带食俗等，这些美食不仅味道鲜美，还承载着当地人的情感记忆和文化认同。

例如，荣成海带食俗。海带，是海洋中广泛分布的一种藻类，被誉为“海洋蔬菜”。其味道鲜美，富含蛋白质、膳食纤维、碘、叶酸、钙、镁、铁等多种营养元素，食用方法多种多样，是沿海居民的重要食材之一。

荣成海带食俗是荣成劳动人民在生产生活中形成一套系统的、丰富的海带食用习俗，包括生日海带食俗、“坐月子”海带食俗、食药同源食俗、海带食品制作民俗等内容。

1. 生日海带食俗

山东荣成一带老人过生日时，儿女通常会用海带作为主要食材，为父母制作一碗海带汤，以表达希望老人健康长寿的祝福。这种生日海带食俗与当地流传的秦始皇寻海上仙草以养生的故事息息相关。

2. “坐月子”海带食俗

荣成当地产妇“坐月子”时通常会以海带作为食材之一。孩子满月时，亲朋好友前来祝贺，主人家还制作海带美食招待宾客，以表达对产妇和孩子的祝福。

3. 食药同源食俗

海带中含有丰富的碘元素，长期食用海带能够可以帮助人体补充一定量的碘元素，预防甲状腺功能减退、甲状腺肿等疾病。海带还具有清热除烦的功效，经常食用海带，可以缓解烦躁不安、失眠焦虑等疾病。因此，荣成当地劳动人民形成了长期食用海带的食俗。

（三）丰富多彩的民俗节庆

蓬莱阁庙会、姚坊庙会、庙岛显应宫庙会等，这些庙会不仅是当地民众娱乐、交流的重要场所，也是展示地方特色文化、促进经济发展的重要平台。庙会期间，各种传统表演、手工艺品、地方小吃等汇聚一堂，为游客提供了丰富的文化体验。

渔灯节等节日习俗，不仅丰富了当地民众的生活，也体现了他们对传统文化的尊重和传承。这些节日习俗与海洋文化紧密相连，形成了独特的沿海民俗风情。

四、红色民俗文化带

山东拥有悠久的革命传统和丰富的红色资源，其中以临沂、枣庄为代表的鲁东南山地区是抗日战争和解放战争的主战场之一，孕育了丰富的红色文化，形成了独具特色的红色民俗文化带。

（一）内涵丰富的红色文化

红色文化是对革命文化和社会主义先进文化的集合概括和形象表达，是在中国共产党带领中国人民为民族独立、人民解放的革命斗争历程中创造形成，在社会主义建设时期和改革开放的历史进程中丰富发展，在新时代新征程的奋斗进程中发扬光大，接续形成的具有鲜明革命精神、鲜明社会主义属性、鲜明中国特色的马克思主义中国化的文化形态。①

2021 年，为传承弘扬红色文化基因，以红色文化助推乡村振兴，山东省文化和旅游厅发布了《关于公布第一批山东省红色文化特色村名单的通知》，公布了山东省第一批红色文化特色村，其中临沂作为革命老区，有 10 个村庄上榜（见表 2 －7）。其充分说明了临沂一带红色文化的丰富性。

表 2 －7　　第一批山东省红色文化特色村名单一览表

序号	城市	村名
1	济南市（5 个）	钢城区辛庄街道石湾子村 莱芜区茶叶口镇吉山村 莱芜区牛泉镇鹁鸽楼村 南部山区仲宫街道尹家店村 平阴县孔村镇王楼村

① 李秀梅．国有企业红色文化研究［M］．北京：中国经济出版社，2022：7.

续表

序号	城市	村名
2	青岛市（4 个）	平度市田庄镇东刘庄村 平度市大泽山镇瑞峰村（高家村） 平度市旧店镇东石桥村 莱西市南墅镇萌山村
3	淄博市（2 个）	博山区源泉镇北崮山村 沂源县西里镇张家泉村
4	枣庄市（1 个）	滕州市羊庄镇庄里村
5	东营市（1 个）	广饶县大王镇刘集后村
6	烟台市（1 个）	海阳市郭城镇战场泊村
7	潍坊市（8 个）	昌邑市卜庄镇西董村 昌邑市龙池镇北白塔村 昌邑市龙池镇马渠村 昌邑市下营镇火道村 青州市高柳镇北段村 青州市高柳镇东朱鹿村 寿光市田柳镇崔家庄村 诸城市枳沟镇北杏社区
8	济宁市（3 个）	鱼台县王庙镇周堂村 金乡县鱼山街道王杰社区 金乡县马庙镇翟庄村
9	泰安市（4 个）	新泰市龙廷镇老瓜峪村 肥城市安临站镇东陆房村 宁阳县东疏镇大伯集村 东平县接山镇常庄三村
10	威海市（3 个）	荣成市石岛管理区宁津街道东墩村 荣成市滕家镇西滩郭家村 乳山市崖子镇田家村
11	日照市（1 个）	莒县桑园镇柏庄古村
12	临沂市（10 个）	沂南县马牧池乡常山庄村 临沭县曹庄镇朱村 费县薛庄镇马头崖村 沂水县夏蔚镇王庄村 沂水县院东头镇桃棵子村 沂水县夏蔚镇云头峪村 蒙阴县野店镇烟庄村 蒙阴县岱崮镇笊篱坪村 蒙阴县垛庄镇东孟良崮村 莒南县板泉镇渊子崖村

续表

序号	城市	村名
13	德州市（1个）	乐陵市黄夹镇东大桑树村
14	聊城市（2个）	莘县大张家镇红庙村 阳谷县寿张镇沙河崖村
15	滨州市（3个）	博兴县陈户镇陈户村 邹平市焦桥镇孙庄村 滨城区杨柳雪镇杨柳雪村
16	菏泽市（1个）	曹县韩集镇刘岗行政村

（二）红色文化与民俗文化的融合

红色文化与传统民俗文化并不冲突，在红色文化的基础上，鲁东南山地地区的民俗文化也得以保留和发展，包括传统的节日庆典、民间艺术、生活习俗等。它们与红色文化相互融合，形成了独具特色的红色民俗文化。

例如，在庆祝重要节日或纪念日时，人们会结合当地的民俗传统，举办各种形式的纪念活动，既弘扬了红色精神，又传承了民俗文化。

五、黄河民俗文化带

山东省位于黄河下游平原，境内黄河全长628公里，流域面积1.83万平方公里，直接滋养菏泽、济宁、泰安、聊城、济南、德州、滨州、淄博、东营九地市，惠泽两岸。尤其是西部地区聊城、德州为黄河下游冲积而成的平原，其地理地貌深受黄河的影响，民俗活动也与黄河有较深的渊源。

（一）农业民俗与水利民俗

黄河下游平原是重要的农业区，农耕文化在这里得到了充分的发展。农民们根据黄河的水文特点，形成了独特的耕作制度和农事习俗，如灌溉、排水、施肥等。这些习俗不仅体现了人们对黄河的依赖，也体现了古代劳动人民与自然和谐共处的智慧。

黄河作为中国的“母亲河”，其治理与利用一直是当地人民关注的重点。在长期的治水实践中，人们积累了丰富的经验，形成了独特的水利民俗。例如，黄河沿岸的堤防建设、洪水预警、抢险救灾等习俗，都体现了人们对黄河的敬畏与保护。

（二）独特的节庆民俗

黄河文化还深深影响了当地的节庆活动。例如，聊城市的河灯祈福活动，就是一项与黄河密切相关的民俗活动。人们通过放河灯的方式，寄托对美好生活的向往和祝福。这种活动不仅丰富了人们的文化生活，也加深了人们对黄河文化的认同感和归属感。

第三章　民俗类非遗项目的保护与开发

第一节　民俗类非遗项目的保护与开发价值

非物质文化遗产是优秀传统文化的重要组成部分，也是一个国家或民族的文明持续绵延和传承的生动见证，是联结民族情感、维系国家统一的重要基础。民俗类非物质文化遗产项目作为非物质文化遗产的重要组成部分，具有极强的保护和开发价值。

一、非物质文化遗产的概念及类型

非物质文化遗产，是指那些被各地人民群众或某些个人视为其文化财富重要组成部分的各种社会活动讲述艺术、表演艺术、生产生活经验、各种手工艺技能以及在讲述、表演、实施这些技艺与技能的过程中所使用的各种工具、实物、制成品及相关场所。①

非物质文化遗产按照不同的视角进行划分，可以划分为不同类型。

（一）按照非物质文化遗产的级别进行划分

2003 年，联合国教科文组织发布了《保护非物质文化遗产公约》，制

---

① 陈传亚．盐城非物质文化遗产旅游研究［M］．天津：天津社会科学院出版社，2021：31.

定了非物质文化遗产的申报标准，其中，成功申报世界非物质文化遗产，或符合条件正在申报世界非物质文化遗产的项目属于世界级。

除此之外，国内非物质文化遗产还可以划分为国家级、省级、市级、县级/区级等多个级别。

成功入选国家级非物质文化遗产行列，或符合国家级非物质文化遗产标准、具有特殊价值和代表性意义的非物质文化遗产，属于国家级非物质文化遗产。

成功入选省级非物质文化遗产行列，或符合省级非物质文化遗产标准的非物质文化遗产，属于省级非物质文化遗产。

成功入选市级或县/区级非物质文化遗产行列，或符合市级或县/区级非物质文化遗产标准的非物质文化遗产，属于市级或县/区级非物质文化遗产。

（二）按照非物质文化遗产的表现形式进行划分

非物质文化遗产有多种表现形式，根据联合国教科文组织 2003 年发布的《保护非物质文化遗产公约》，以及中华人民共和国国务院于 2006～2021 年相继公布的五批国家级非物质文化遗产名录来看，非物质文化遗产的表现形式可以划分为民间文学，传统音乐，传统舞蹈，传统戏剧，曲艺，传统体育、游艺与杂技，传统美术，传统技艺，传统医药，民俗十大类别（见表 3－1）。

表 3－1　　非物质文化遗产民俗十大类别一览表

序号	类别	内容
1	民间文学	人民大众口头创作、世代口耳相传的语言艺术，如：史诗、故事、神话、传说、谚语等
2	传统音乐	各族人民在长期社会生活过程中，集体创造出来的一种广泛流传于民间和上层社会、深受人们喜爱的传统的音乐艺术表现形式
3	传统舞蹈	以人的肢体语言为载体来表达着中华各民族的生存方式、历史文化心态、风俗习惯和民族性格

续表

序号	类别	内容
4	传统戏剧	各族人民共同创造的综合性表演艺术
5	曲艺	以口头语言进行“说唱”叙述的表演艺术形式
6	传统体育、游艺与杂技	数千年来中华民族健体强身，玩物适情文化生活不可或缺的部分，具有广泛的社会基础，如少林功夫、太极拳、摔跤、抖空竹、华佗五禽戏、晰扬掌、陈抟老祖心意六合八法拳等
7	传统美术	民间社会与人们日常生活紧密相关的传统造型技艺，如唐卡艺术、剪纸、木雕、年画、刺绣、利辛面塑、涡阳石弓石雕等
8	传统技艺	劳动人民在长期劳作实践中，不断探索、总结、提高而形成的具有鲜明特色的手工技艺，如千年古井贡酿造工艺、高炉家传统酿造技艺、蒙城卢家笙制作技艺、金不换酒酿造技艺、蒙城陈氏锡包壶制作技艺、涡阳苔干制作技艺等
9	传统医药	包括汉民族的医学药学，还包括藏、蒙、苗、土家、瑶等少数民族的传统医学药学，如中药炮制、中医针灸等
10	民俗	一个国家或民族中广大民众所创造、享用和传承的生活文化，包括信仰习俗、传统节日、服饰习俗、饮食习俗、居住习俗等

从表3－1可以看出，民俗是非物质文化遗产的重要类型之一。民俗类非物质文化遗产与其他类型的非物质文化遗产相比，具有独特的保护与开发价值。主要表现在社会价值、经济价值、文化价值、历史价值、艺术价值、教育价值等方面。

二、民俗类非物质文化遗产的保护与开发具有极高价值

价值，是一个反映客体属性能否满足主体需要的哲学范畴。[①] 民俗类非物质文化遗产具有较强的社会价值、经济价值、文化价值、历史价值和教育价值。

① 宋俊华，王开桃，康保成．非物质文化遗产保护研究［M］．广州：中山大学出版社，2013：63.

（一）社会价值

1. 民俗类非物质文化遗产能够促进个体内心的和谐

民俗类非物质文化遗产作为中华民族悠久历史和灿烂文化的重要载体，在促进个体内心和谐方面发挥着不可替代的作用。

民俗类非物质文化遗产中不仅包含着丰富的物质形态，如节日庆典、民间工艺、传统建筑等，还深藏着精神民俗和口承语言民俗的精髓，如道德观念、价值观念、社会礼俗、口头传说、民间故事等，它们共同构成了中华民族独特的文化基因和精神世界，这使得民俗类非物质文化遗产具有较强的教化功能，从而促进个体内心的和谐。

（1）情感寄托与心灵慰藉。现代生活的节奏较快，人们在工作和日常生活中，往往面临着各种压力和挑战。民俗类非物质文化遗产中的节日庆典、民间信仰、传统音乐舞蹈等，为个体提供了情感宣泄和心灵慰藉的渠道。参与这些活动，能够让人们感受到归属感和安全感，从而减轻心理压力，促进内心和谐。

（2）价值观念的引导。民俗类非物质文化遗产中蕴含着丰富的道德观念和价值观念，如尊老爱幼、明礼诚信、乐于助人等。这些价值观念不仅通过口头传说、民间故事等形式深入人心，还蕴含在各种节庆活动和生活礼俗中，在潜移默化中引导个体形成正确的世界观、人生观和价值观，使个体在面对生活挫折时能够保持积极向上的心态，寻求内心的平衡与和谐。

（3）增强自我认知与认同。民俗类非物质文化遗产是民族文化身份的重要标志。通过学习和传承这些遗产，个体能够更加深入地了解自己的文化根源和历史传承，从而增强自我认知和民族认同感。这种认同感有助于个体在面对外部挑战时保持坚定的信念和自信的心态，促进内心的和谐与稳定。

（4）促进人际交往与社区和谐。民俗类非物质文化遗产往往与社区生活紧密相连，是社区成员共同的精神家园。通过参与民俗活动，个体能够增进与他人的交往和沟通，建立深厚的情感联系。这种人际关系的和谐与融洽有助于缓解个体的孤独感和焦虑感，提升整体的社会支持度，进而促进个体内心的和谐。

2. 民俗类非物质文化遗产能够促进人与社会的和谐

民俗类非物质文化遗产还能够促进人与社会的和谐。民俗类非物质文化遗产是某一国家或地区的人们集体创造和传承的，其中包含着国家、民族或地区的集体记忆和表达。其与当地人民群众的生产和生活密切相关，强调以人为核心的技术、经验和精神，具有活态流变的特征。

例如，民俗节庆活动，是一项涉及音乐、美术、歌舞、故事等艺术特征的综合性活动，也是群体性活动。其举行时，当地人民群众聚集在一起，共同完成庆典，在这个过程中能够促进人与人之间、人与社会之间的和谐。

3. 民俗类非物质文化遗产能够促进族群之间、国家之间的和谐

民俗类非物质文化遗产是一个或多个族群集体创造、被后代认可并代代口传心授流传的重要文化财富，其能够促进族群之间的认同。

族群，指一个民族和种族自己集聚而结合在一起的群体。① 一个国家通常由一个或多个族群构成。

认同，起初是一个心理概念，是促使“我者”与“他者”联结为一体的固有的无意识的行为驱动力，亦是这一心理过程本身。②

族群认同，包含认知、情感、行为等过程，是由一组现成的天性与价值组成的，并且主要以四种方式进行，即整合、分离、同化、边缘。③

同一个族群的人们通过共同的身体特征、语言、文化、民俗文化等因素进行连接。其中，民俗类非物质文化遗产是民俗文化的重要组成部分，通过民俗类非物质文化遗产的保护和传承，族群成员能够有效地交流并相互理解，从而达到凝聚民心、促进族群内部和谐的目的。

（二）经济价值

民俗类非物质文化遗产作为一种文化，其本身并不具有经济价值，然

---

① 吴泽霖：人类学词典［M］. 上海：上海辞书出版社，1991：302.
② 林岳新. 新媒体时代青少年国家认同［M］. 北京：光明日报出版社，2022：82.
③ 张寅. 多元文化背景下的民族国家建构［M］. 昆明：云南人民出版社，2014：40.

而在保护和传承民俗类非物质文化遗产的过程中，通过盘活存活的民俗类非物质文化遗产可以激发其经济价值。

1. 民俗类非物质文化遗产能够促进产业孵化

民俗类非物质文化遗产的内容十分丰富，涉及面广泛，包罗万象。通过对民俗类非物质文化遗产的整理和挖掘、保护与开发，可能会孵化出国民经济的新产业。

例如，民俗类非物质文化遗产中包含着大量饮食习俗，这些饮食习俗不仅承载着某个区域劳动人民的情感记忆，往往还与当地特殊的地理、历史和气候背景以及精神思想息息相关。通过对当地饮食习俗的挖掘、整理、保护与开发，饮食民俗能够衍生出丰富的餐饮品类，从而创造出国民经济的新的增长点。

2. 促进旅游业的发展

民俗类非物质文化遗产是文化旅游的重要资源。通过挖掘和展示独特的民俗类非物质文化遗产，可以吸引大量游客前来体验、观赏和学习，从而达到有效推动当地文化旅游产业的发展的目的。

例如，传统节庆和民俗表演作为民俗类非物质文化遗产的重要组成部分，不仅承载着丰富的历史文化内涵，还具有较强的集体性和综合性。通过对传统节庆和民俗表演的挖掘，能够打造独特的旅游景区或民俗体验区，进而推动当地旅游业的发展。

旅游业不仅可以带来直接的经济效益，还能带动当地民俗教育、餐饮、住宿、交通等相关产业的繁荣。

3. 推动文化创意产业的兴起

民俗类非物质文化遗产为文化创意产业提供了丰富的素材和灵感。文化创意产业是在文化产业与创意产业进行交融的基础上，兼有文化产业的框架基础以及创意产业的本质，形成了一种新型的文化产业形态。[①]

民俗类非物质文化遗产中包含着大量美观、独特的因素，能够激发文化创意设计人员的设计思路和创作灵感，以此作为资源设计的文化创意产

---

① 李悦，钟云华．产业经济学［M］．5 版．沈阳：东北财经大学出版社，2022：109.

品，如手工艺品、纪念品、艺术品等，具有独特文化韵味和审美价值，不仅能够满足人们日益增长的文化消费需求，还能够促进文化产业结构的优化升级，从而产生一定的经济价值，形成新的经济增长点。

（三）文化价值

民俗类非物质文化遗产是一种鲜活的、原生态的文化，真实地反映了一个国家、民族或地区的文化与特色，是了解这些民族、种群文化的活化石。其中，蕴含着独特的民族思维方式、审美方式、发展方式，潜藏着国家或民族独具特色的历史文化发展轨迹，是人类的宝贵文化遗产，具有极强的文化价值。

1. 独特的国家或民族思维与审美方式

世界上每一个国家、民族或种群的文化都具有一定的独特性和创造性，蕴含着各国家、民族在历史长河中形成的独特发展方式，包括生计方式、社会组织结构、信仰体系等。这些元素不仅反映了民族文化的连续性和稳定性，也展示了其在面对环境变化和社会变迁时的适应性和创新能力，具有迥异于其他文化的价值。民俗类非物质文化遗产是其中的佼佼者和代表部分。

民俗类非物质文化遗产往往通过口头传统、表演艺术、社会实践、仪式、节庆活动、有关自然界和宇宙的知识和实践以及传统手工艺等多种形式展现。这些形式不仅体现了特定民族或地区人民对世界的独特理解和认知方式，蕴含着该国家或民族独特的思维方式、审美方式、发展方式的神韵，还展现了某个国家或民族独特的审美观念和艺术创造力。

例如，传统民俗表演中的民间舞蹈、戏曲、民间歌谣、民族服饰等表演艺术形式，不仅传递了历史故事和道德观念，还通过舞蹈动作、音乐旋律等方面展现了该民族的审美追求和艺术风格。

又如，某些传统手工艺技能不仅是经济生产的手段，更是文化传承的载体，通过师徒传承的方式代代相传，体现了民族文化的生命力和创造力。

这些不同国家、民族和种群丰富多彩的文化模式、文化形态、文化标准、文化观念等，是千姿百态、多种多样的，极大地丰富和充实着人类的文化，对人类的兴盛与发展起着极其重要的作用。

2. 提升文化自信，构建文化强国

民俗类非物质文化遗产是鲜活的文化，是文化的活化石，也是原生态的文化基因。无论是生产民俗、商贸民俗、人生礼仪民俗、节庆民俗、游艺民俗等都是鲜活的，真实地存在于现实生产生活之中，以非文字的形式记录着民族的历史变迁、文化传承和社会生活。

对民俗类非物质文化遗产进行保护，不仅能够保障国家或民族鲜活的历史文脉，还能够推动国家文化生态建设，促进我国的文化创新和发展先进文化。现阶段，在经济全球化、文化全球化的大背景下，只有保护传统文化、保护国家和民族的文化多样性，发展带有国家或民族鲜明印记的优秀文化，才能维护世界文化的多样性和丰富性，推进各国文化的交流，使民族文化恒久地屹立于世界文化之林，同时也为全球文化生态的和谐共生提供了重要支撑。

此外，民俗类非物质文化遗产是民族历史记忆和身份认同的重要载体。通过保护和传承文化遗产，能够激发国家或民族内部群体的文化认同，能够深刻理解自己民族的文化传统、价值观念和精神追求，增强民族自豪感和凝聚力，自信地面对外来文化的冲击和挑战，坚守自己的文化立场和价值观念，为构建文化强国提供强大的精神动力，树立文化自信。

（四）历史价值

民俗类非物质文化遗产是古代劳动人民代代传承的、活的民俗，其中蕴含着丰富的历史文化，对民俗类非物质文化遗产的保护与开发具有较强的历史价值。

1. 帮助人类更好地认识历史

民俗类非物质文化遗产不是凭空产生的，而是有其特定的历史条件。其是在某一特定的历史时刻产生，并进行代代传承的，其中蕴含着大量历史记忆，这种历史记忆是鲜活的、生动的，具有综合性的特点，能够引导人们沉浸式感受历史文化，帮助人类更加深刻地认识历史。

历史是人类的教科书，也是人类文明的根源。其能够帮助人类从祖先处汲取各种知识与智慧。而人类记载历史的典籍文献、文物遗址在漫长的历史长河中，随着时间的推移，均会显现出短板。

例如，古代的文献典籍使用文言文进行记录，经人手传抄流传至今。受语言变异、传抄错误等因素的影响，今人对古代文献典籍的理解可能会出现一定的偏差。

又如，文物遗址虽然以实物的方式出现，能够直接呈现出古代工艺或建筑水平，然而这些工艺或建筑是如何建造的？文物的作用、意义等却并不为后人所知。

民俗类非物质文化遗产中蕴含着大量鲜活的、真实的历史文化。以生产民俗类非物质文化遗产为例。

生产民俗类非物质文化遗产，作为人类历史上劳动创造与智慧的结晶，深刻反映了某一历史时期的生产力水平和生产关系特征。例如，古代农耕社会的犁耕技术、灌溉系统以及稻作文化，不仅展现了当时古代劳动人民在特定的历史条件下利用自然、改造自然的能力，也体现了古代特定历史条件下农业生产力的发展水平。

除此之外，生产民俗类非物质文化遗产中还包含着大量特定历史条件下的土地所有制、家庭或社区合作方式、劳动分工等，真实地反映了当时的生产关系。其可以弥补文献典籍、文物遗址的不足，帮助人类能够更加真实地认识历史。

2. 帮助人类更好地研究历史

民俗类非物质文化遗产作为历史的活化石，其独特之处在于它们不仅承载了过去的记忆，还随着时代的变迁而不断演变，深刻反映了特定国家、民族的精神状态和社会变迁。

民俗类非物质文化遗产是民族文化的精髓所在，其通过节日庆典、民间信仰、口传文学等形式，传递着民族的价值观念、道德标准和审美追求。这些文化遗产的变迁，往往与民族历史的重大事件、社会变迁以及民族心理的演变紧密相连。通过研究这些变化，人类可以更加深入地理解民族精神的内涵，感受民族文化的独特魅力。

民俗文化不是一成不变的，而是会受到历史、地理、政治等因素的影响，从而产生一定的变异或消亡。民俗类非物质文化遗产也是如此，其借助多样化的形式，鲜活地记录了人们在不同历史时期的生产方式、生活方式、社会结构和人际关系等方面的变化。在对民俗类非物质文化遗产进行保护和开发的过程中，通过对民俗类非物质文化遗产形成、变异的研究，人类可以清晰地看到社会变迁的轨迹，理解不同历史时期的社会结构和人类活动的特点。

（五）教育价值

民俗类非物质文化遗产是人类集体智慧的结晶，其中蕴含着丰富多样的手工技艺和习俗传统，对民俗类非物质文化遗产的保护与开发，具有极高的教育价值。

1. 美育价值

民俗类非物质文化遗产中蕴含着大量艺术表演、工艺品，其不仅展现了特定国家或民族的生活风貌，还展现了特定时代劳动人民的特定审美风尚和美的标准，具有独特的审美情趣。而在民俗类非物质文化遗产的代代传承中，不同时代的人们均会结合时代的审美对其进行改造，使其符合时代的审美。

传统民俗类非物质文化遗产中蕴含着丰富多样的艺术形式，如传统音乐、舞蹈、戏剧、美术、手工艺等，这些艺术形式不仅展现了特定国家或民族的生活风貌，还反映了特定时代劳动人民的审美情趣和美的标准。这些艺术作品往往色彩鲜艳、造型独特，具有浓厚的地域特色和民族风情，能够激发人们的审美热情和艺术想象力。

此外，民俗类非物质文化遗产具有生动性、直观性和体验性。受众通过参与民俗活动、观赏民俗表演、学习手工艺制作等，可以亲身体验到民俗文化的魅力，感受到其中蕴含的审美价值。这种亲身体验的方式比单纯的课堂讲授更能激发受众的兴趣和热情，从而使审美教育更加深入人心。

2. 德育价值

民俗类非物质文化遗产中蕴含着丰富的伦理道德、家庭观念、社会责任等正面价值，其深植于特定社会文化背景中的道德规范、价值观念和行为准则之中，对国家或族群起着极其重要的规范、引导作用。保护和开发民俗类非物质文化遗产具有较强的德育价值。

民俗类非物质文化遗产中的许多故事、传说和歌谣都蕴含着丰富的道德寓意和人生哲理。这些口头传统民俗文化不仅是娱乐和教育的工具，更是传递道德观念和价值判断的重要载体。通过讲述和聆听这些故事，人们能够学习到勤劳勇敢、诚实守信、孝顺父母等优秀品质，从而在心灵深处树立起正确的道德观念。

民俗类非物质文化遗产中包含着大量人生礼仪、节日庆典等，其与当地人的朴素世界观、价值观息息相关。例如，清明节的扫墓祭祖体现了对先人的敬仰与怀念，以及对生命意义的深刻思考。在对民俗类非物质文化遗产进行保护和开发的过程中，不可避免地要将这些遗产进行活态传承，人们通过参与这些活动，能够在潜移默化中接受道德教育，最终达到增强受众的社会责任感和归属感的目的。

此外，民俗类非物质文化遗产的保护与开发，还能够增强国家或民族内部的凝聚力和文化认同感。特定国家或民族的居民通过共同参与非物质文化遗产的保护和传承活动，能够加深彼此之间的了解和信任，形成共同的文化记忆和身份认同。这种文化认同感和社区凝聚力是维护社会稳定、促进和谐发展的重要基石。

3. 智育价值

民俗类非物质文化遗产是古代劳动人民在生产和生活中集体创造出来的，其不仅包含了丰富的历史、地理、民俗等知识，还蕴含了独特的思维方式和创造力，彰显了古代劳动人民的智慧。

在保护和开发民俗类非物质文化遗产的过程中，人们可以了解到特定历史时期的社会生活、文化风貌和人民的精神世界，进而丰富受众的历史知识。此外，人们在参与民俗类非物质文化遗产活动时，可以全方位、沉浸式地感受其中蕴含的智慧，通过动手实践和亲身参与锻炼动手和动脑能力，提升受众的特定技能水平，激发受众的想象力和创新思维。

第二节　民俗类非遗项目的保护与开发原则

民俗类非物质文化遗产项目的保护与开发需要遵循真实性、整体性、适度开发、遗产环境保护等原则。

一、真实性原则

民俗类非物质文化遗产项目是人类历史文明的结晶，属于不可再生资源，具有极其珍贵的综合价值。在对民俗类非物质文化遗产项目进行保护与开发中，应当遵循真实性原则。

这是由世界文物、非物质文化遗产保护的相关法律法规决定的。1964年，第二届历史古迹建筑师及技师国际会议在威尼斯通过了《保护文物建筑及历史地段的国际宪章》，简称《威尼斯宪章》。

其中指出："我们必须一点不走样地把它们（历史遗产）的全部信息传递下去……（在使用文化遗产时）绝不可以变动它的平面布局或装饰……（在修复历史遗产时）目的不是追求风格的统一……（在对历史遗产进行补充时）必须保持整体的和谐一致，但在同时，又必须使补足的部分跟原来部分明显地区别，防止补足部分使原有的艺术和历史见证失去真实性。"①

除了国际法律法规之外，1982 年，我国第五届全国人民代表大会常务

---

① 佩赛特，马德尔．世界城镇化建设理论与技术译丛　古迹维护原则与实务［M］．武汉：华中科技大学出版社，2015：476.

委员会第二十五次会议通过了《中华人民共和国文物保护法》，其中也指出："对不可移动文物的修缮、保养、迁移，必须遵守不改变文物原状的原则。"①

2011 年，我国第十一届全国人民代表大会常务委员会第十九次会议通过了《中华人民共和国非物质文化遗产法》，其中的第四条规定："保护非物质文化遗产，应当注重其真实性、整体性和传承性，有利于增强中华民族的文化认同，有利于维护国家统一和民族团结，有利于促进社会和谐和可持续发展。"②

民俗类非物质文化遗产项目作为非物质文化遗产的重要组成部分，鉴于以上法律法规，其保护与开发也应当遵循真实性原则。

（一）尊重原貌

民俗类非物质文化遗产项目保护与开发的真实性原则，要求在对民俗类非物质文化遗产项目进行保护与开发过程中，保护其原始形态和核心特征，尽力保持其传统技艺、表现形式、文化内涵的原汁原味，不随意添加或删减。

具体来说，在保护过程中，要细致入微地考察每一项民俗类非物质文化遗产项目的历史渊源、传承脉络、技艺细节、表现形式以及背后所蕴含的文化内涵。通过科学的记录、整理和研究，力求全面而准确地还原其本真面貌。

同时，在对民俗类非物质文化遗产项目进行开发利用时，必须谨慎行事，避免任何可能损害其原始性和真实性的行为。这包括但不限于不随意添加现代元素或外来文化符号，不删减其传统内容以迎合市场口味，更不应对其进行过度商业化包装或现代化改造，以免导致文化价值的扭曲和流失。

---

① 崔璨．我国文化遗产法律保护研究［M］．上海：上海三联书店，2019：171.

② 王霄冰，胡玉福．非物质文化遗产保护标准研究资料汇编［M］．广州：中山大学出版社，2021：277.

（二）活态传承

民俗类非物质文化遗产项目，是一种存留于民间的活的文化，大多采用口口相传和行为示范的传承方式，十分依赖于人的传承与实践，其真实性还体现在活态传承的过程中。

活态传承，是指在非物质文化遗产生成、发展的环境中对其进行的保护和传承，其关键点是非物质文化遗产的保护与传承融入人民群众的生产生活过程中。[①] 其与文字、视频等静态传承方式有着本质区别。

活态传承对传承人有着较高要求，民俗类非物质文化遗产项目坚持活态传承，必须完善其传承人制度。对符合要求的传承人，有关部门不仅要给予其相应的荣誉和地位，还要对其进行政策保障和资金支持，确保民俗类非物质文化遗产项目传承人能够全身心投入到相应项目的表演与传承之中，使民俗类非物质文化遗产项目代代传承下去。

此外，确保民俗类非物质文化遗产项目的活态传承，还应当从民俗类非物质文化遗产项目所在的历史、地理、经济、人文等综合因素入手，进行全面考量和分析，构建民俗类非物质文化遗产项目生态保护区和传承基地，确保民俗类非物质文化遗产项目在适合其生存、发展的环境进行传承和表演。

二、整体性原则

《中华人民共和国非物质文化遗产法》第二十六条指出："对非物质文化遗产代表性项目集中、特色鲜明、形式和内涵保持完整的特定区域，当地文化主管部门可以制定专项保护规划，报经本级人民政府批准后，实行区域性整体保护。"[②]

---

① 刘廷新．后申遗时期江苏曲艺类非遗的现状考察与活态传承［M］．长春：吉林大学出版社，2022：149.

② 王霄冰，胡玉福．非物质文化遗产保护标准研究资料汇编［M］．广州：中山大学出版社，2021：278.

根据这条规定，在对民俗类非物质文化遗产项目进行保护与开发时，应当遵循整体性原则，在不违背历史真实、不抹去民俗类非物质文化遗产项目的历史痕迹的基础上，不仅仅关注民俗类非物质文化遗产项目的单个元素或表现形式，而是要将其中包含的所有要素视为一个有机整体，而非孤立的文化碎片。从宏观上把握民俗类非物质文化遗产项目的整体结构和内在逻辑，确保在对其进行保护和开发的过程中，不割裂其各个部分之间的联系，不破坏其整体的文化生态。

（一）确保项目本身的完整性

民俗类非物质文化遗产项目具有较强的综合性，拥有复杂的结构和运行规律，由非物质文化遗产项目传承人、民俗类非物质文化遗产项目本体、物质载体以及特殊的生态环境共同构成。

以我国传统节日春节为例，涵盖了丰富的民俗活动。从腊月开始的贴春联、年画、剪纸等准备工作，到除夕夜以家庭为单位包饺子、包汤圆、放爆竹的家庭团圆与守岁活动，再到正月的拜年与民俗娱乐活动，每一个环节都相辅相成，体现了传统文化的连贯性和层次感。

在对春节民俗进行保护和开发时，不仅只突出其中的某些因素，而忽略了其他因素，而应当对其进行整体性保护。只有确保民俗类非物质文化遗产项目本身的完整性，才能达到良好的保护与开发目的。

（二）注重生态环境的保护

民俗类非物质文化遗产项目是在特定的历史、地理、气候条件下，产生并传承的，其对外在环境的依赖性较强。如果一项民俗类非物质文化遗产项目失去了其原有的生存和传承环境，就会发生较大变异，甚至面临着消亡。因此，在对民俗类非物质文化遗产项目进行保护与开发的过程中，必须注重对其生存和传承的特定生态环境的保护，维护民俗类非物质文化遗产项目与其生态环境的和谐共生。

一般来说，乡村或社区是民俗类非物质文化遗产项目传承与发展的重要载体，而传承人是非物质文化遗产项目活态传承的关键。在对民俗类非物质文化遗产项目进行保护与开发过程中，应当强化乡村或社区的参与，激发乡村或社区居民的文化自觉和自豪感，鼓励其积极参与非物质文化遗产项目的传承、保护与开发。

（三）促进项目各要素的协同发展

民俗类非物质文化遗产项目是一个由多个要素相互作用、相互依存的复杂系统。在对其进行保护与开发过程中，应当注重促进项目内部各要素之间的协同发展，确保它们在保持各自独特性的同时，相互支持、相互促进，共同构成一个有机的整体。

以春节民俗为例，其内部包含了丰富的仪式、装饰、饮食、娱乐等多个要素，这些要素之间相互关联、相互影响，共同构成了春节民俗的独特魅力。在对其保护与开发时，应综合考虑这些因素，通过举办传统庙会、文化节等活动，将传统的仪式、手工艺、表演艺术等融为一体，展现春节民俗的多元面貌，促进各要素之间的协同发展，提高非物质文化遗产项目的整体活力。

三、适度开发原则

民俗类非物质文化遗产项目进行开发时，应当秉持适度开发的基本原则，切忌对其进行盲目的、一味地开发，而是需要结合民俗类非物质文化遗产项目的具体情况以及相关政策对其进行开发。

（一）确保项目文化内涵

在对民俗类非物质文化遗产项目进行开发时，应当确保其文化内涵的真实性和完整性，在此基础上对民俗类非物质文化遗产项目进行大胆优化和创新，以使其符合现代审美和消费需求。

例如，民俗类非物质文化遗产项目中包含大量人生礼仪民俗，这些民俗是在特定的时代下进行诞生和传承的，蕴含着当时人们独特的世界观、人生观和价值观。在现代生活中，由于社会经济的发展以及人民生活水平的提高，尤其是近年来，移风易俗工作的不断深化，许多传统的人生礼仪民俗不适合于深入开发。在现实生活中，对此类项目进行开发时，应当明确其文化内涵，以免对其进行曲解或虚构，引发社会的不良影响。

（二）处理好保护与开发之间的关系

在对民俗类非物质文化遗产项目进行开发时，应当结合所在地区，以及涉及项目的具体情况，对民俗类非物质文化遗产项目进行开发时，始终把保护放在首位，做好其保护工作，赓续中华文脉。

具体来说要坚持“保护为主，抢救第一，合理利用，传承发展”的方针，正确处理好民俗类非物质文化遗产项目保护与开发之间的关系。民俗类非物质文化遗产项目赖以生存和传承的外在环境十分脆弱，一旦其遭到破坏，将会对项目的生存与传承产生毁灭性的破坏。

因此，在对项目进行开发时，要注意避免开发过度，破坏民俗类非物质文化遗产项目赖以生存和传承的外在环境，确保民俗类非物质文化遗产项目在适度开发的条件下，进行活态传承。唯其如此，才能处理好民俗类非物质文化遗产项目保护与开发之间的关系。

四、遗产环境保护原则

民俗类非物质文化遗产项目是一种极其特殊的非物质文化遗产，其诞生与传承均与特定的地理、气候、人文环境息息相关，属于活态传承，一旦其外在环境被破坏，民俗类非物质文化遗产项目就会失去生存和传承的土壤，最终走向消失。因此，保护民俗类非物质文化遗产项目的外在环境，就是保护民俗类非物质文化遗产项目的生存土壤，必须坚持项目环境保护原则。

（一）加强项目环境监测与评估

在对民俗类非物质文化遗产项目进行保护与开发的过程中，构建一套全面的环境监测体系，包括定期的自然环境（如水质、空气质量、土壤状况）监测和社会文化环境（如社区结构、人口流动、文化传承情况）监测。利用现代科技手段（如遥感技术、大数据分析）收集环境数据，并进行科学分析，以准确评估外在环境变化对民俗类非物质文化遗产项目的影响。

同时，建立环境变化的预警机制，一旦发现民俗类非物质文化遗产项目的外在环境遭到破坏，则立即启动应急预案，采取有效措施进行干预和补救，确保项目环境保护的完整性。

（二）制定项目环境保护地规划

根据民俗类非物质文化遗产项目的特点和需求，划定明确的保护区域，如生态园、文化园等，确保该区域内的自然和人文环境得到有效保护。在相应的生态园或文化园中，明确具体的保护措施，如限制开发活动、加强文化遗产保护、促进生态修复等。同时，制定时间表和责任分工，确保各项措施得到有效落实。

民俗类非物质文化遗产项目具有群体性的特点，其保护、传承均需要群体参与。因此，在制定项目环境保护地规划的过程中，应当充分征求项目所在地群众和非物质文化遗产保护专家的意见，以确保规划的科学性和可行性，提升项目所在地群众对民俗类非物质文化遗产项目的认识与支持。

第三节　民俗类非物质文化遗产项目的保护与开发途径

民俗类非物质文化遗产不同于物质文化遗产，其具有无形性、变异性等特点，依靠口口相传或行为示范进行活态传承，这使得民俗类非物质文化遗产项目的保护与开发途径十分特殊。现阶段，民俗类非物质文化遗产项目的保护与开发途径主要有两种：一种是静态保护，另一种则是活态保护与传承。

其中静态保护主要是将民俗类非物质文化遗产项目用文字、录音、照相、拍摄等手段记录和保存下来。这种途径的保护效果一般，难以确保民俗类非物质文化遗产项目的活态传承。

活态保护与传承方式能够有效确保民俗类非物质文化遗产项目保护和传承的良好环境，使民俗类非物质文化遗产项目在适合的背景下进行传承和传播。

一、构建文化生态保护区

民俗类非物质文化遗产项目不具备实物形态，同时对活态传承的依赖性较大，在快速发展的社会中其传承变得十分不易。现实生活中，对民俗类非物质文化遗产项目以及民俗类非物质文化遗产传承人的保护往往陷入顾此失彼、劳而无功的尴尬境地。

（一）国家级文化生态保护区

2018 年，文化和旅游部部务会议审议通过了《国家级文化生态保护区管理办法》，并于 2019 年 3 月 1 日开始实施，其中指出国家级文化生态保护区是指以保护非物质文化遗产为核心，对历史文化积淀丰厚、存续状态良好，具有重要价值和鲜明特色的文化形态进行整体性保护，并经文化和旅游部同意设立的特定区域。自 2019 年 12 月至 2023 年底，文化和旅游部共公布了三批 17 个国家级文化生态保护区（见表 3－2）。

表 3－2 国家级文化生态保护区

序号	名称	地区	获批时间
1	闽南文化生态保护区	福建省（泉州市） 福建省（漳州市） 福建省（厦门市）	2019 年 12 月

续表

序号	名称	地区	获批时间
2	徽州文化生态保护区	安徽省（黄山市、宣城市绩溪县） 江西省（婺源县）	2019年12月
3	热贡文化生态保护区	青海省（黄南藏族自治州）	2019年12月
4	羌族文化生态保护区	四川省（阿坝藏族羌族自治州茂县、汶川县、理县，绵阳市北川羌族自治县，松潘县、黑水县、平武县）	2019年12月
5	武陵山区（湘西）土家族苗族文化生态保护区	湖南省（湘西土家族苗族自治州）	2019年12月
6	海洋渔文化（象山生态保护区）	浙江省（象山县）	2019年12月
7	齐鲁文化（潍坊）生态保护区	山东省（潍坊市）	2019年12月
8	黔东南民族文化生态保护区	贵州省（黔东南苗族侗族自治州）	2023年1月28日
9	客家文化（梅州）生态保护区	广东省（梅州市）	2023年1月28日
10	大理文化生态保护区	云南省（大理白族自治州）	2023年1月28日
11	陕北文化生态保护区	陕西省（榆林市）	2023年1月28日
12	晋中文化生态保护区	山西省（晋中市）	2023年1月28日
13	客家文化（赣南）生态保护区	江西省（赣州市）	2023年7月26日
14	铜鼓文化（河池）生态保护区	广西壮族自治区（河池市）	2023年7月26日
15	迪庆民族文化生态保护区	云南省迪庆藏族自治州	2023年7月26日
16	格萨尔文化（果洛）生态保护区格萨尔文化（果洛）生态保护区	青海省果洛藏族自治州	2023年7月26日
17	羌族文化生态保护区（陕西）	陕西省（宁强县、略阳县）	2023年7月26日

国家级文化生态保护区的设立，有利于在特定的区域内对包括民俗类非物质文化遗产项目在内的所有非遗项目实行整体保护，将民族民间文化遗产原状地保存在其所属的区域及环境中，确保其进行活态传承和传播。

（二）山东省省级文化生态保护区和山东文化生态名村名镇

受国家级文化生态保护区的启发，为了加强省内非物质文化遗产的区域性整体保护，维护和培育文化生态，推进省级文化生态保护区建设管理工作，传承弘扬齐鲁优秀传统文化，山东省文化和旅游厅于 2021 年 6 月 17 日印发了《山东省省级文化生态保护区管理办法》，于同年 7 月 1 日开始实施。

2023 年 12 月，山东省文化和旅游厅发布了《关于省级文化生态保护实验区名单的通知》，公布了 4 家山东省省级文化生态保护实验区。

除此之外，2023 年 11 月山东省文化和旅游厅还公布了山东省文化生态名村和名镇的名单（见表 3－3），以保护当地的特色文化生态，积极推动山东省非物质文化遗产的整体性保护与传承。

表 3－3　山东省省级文化生态保护实验区、文化生态名村和名镇一览表

序号	类目	名单
1	省级文化生态保护实验区	博山陶瓷琉璃文化生态保护实验区
		郯文化生态保护实验区
		运河文化（德州）生态保护实验区
		黄河运河交汇带（聊城）文化生态保护实验区
2	山东省文化生态名村	商河县怀仁镇洼李村 青岛市西海岸新区灵山卫街道办事处玉皇山路社区 东营市垦利区胜坨镇东王村 栖霞市庙后镇上林家村 潍坊市寒亭区西杨家埠村 济宁市任城区济阳街道运河社区 新泰市羊流镇大洼村 荣成市俚岛镇中我岛村 沂水县杨庄镇吴家楼子村 菏泽市牡丹区吴店镇鹁鸽堂村

续表

序号	类目	名单
3	山东省文化生态名镇	济南市莱芜区杨庄镇 青岛市崂山区王哥庄街道办事处 沂源县燕崖镇 青州市邵庄镇 微山县微山岛镇 东平县老湖镇 乳山市乳山寨镇 武城县老城镇 聊城市茌平区振兴街道 惠民县胡集镇

无论是文化生态保护实验区还是文化生态名村和名镇，均以人居环境整治作为着手点，对当地的非物质文化遗产资源进行充分挖掘和规划，既能够有效保护当地的民俗类非物质文化遗产项目，又能够带动当地旅游、研学的发展，可谓一举多得。

二、保护性旅游开发

民俗类非物质文化遗产项目的活态生存与传承特性，决定了对其保护与开发必须进行创新，而保护性旅游开发则是一种经实践检验的良好途径。保护性旅游开发，强调在确保民俗类非物质文化遗产项目的真实性、完整性基础上，利用其特有的旅游观赏价值，开展民俗类非物质文化遗产旅游活动。

（一）保护性旅游开发的意义

近年来，伴随着我国科技水平的不断提高，人民群众的生活水平也不断提升，我国旅游消费呈现出大众化的趋势，旅游目的越来越多样化。许多民众不再满足于走马观花式的旅游方式，对旅游地的文化需求越来越高。民俗类非物质文化遗产项目的保护性旅游开发既能够提升旅游市场的活力和竞争力，还能够满足人民大众对旅游方式文化性、多样性需求的满足，具有十分重要的意义。

1. 提升旅游市场的活力和竞争力

民俗类非物质文化遗产项目作为中华民族悠久历史和灿烂文化的瑰宝，其所蕴含的历史深度、文化广度和民族特色是其他旅游项目所无可比拟的。其不仅覆盖了生产、贸易、饮食、服饰、建筑等日常生活的方方面面，还深深扎根于节日庆典、民间艺术等精神文化领域。这种全面而独特的文化价值，使得民俗类非物质文化遗产项目的保护性旅游开发在旅游市场中独树一帜，具有极高的市场吸引力和竞争力。

与普通旅游项目相比，民俗类非物质文化遗产项目的保护性旅游开发更加强调对区域性或民族特色文化的深度挖掘和呈现。

例如，通过精心策划的民俗活动，如传统节日庆典、地方戏曲表演、民间舞蹈展示等，使游客能够沉浸式体验原汁原味的民族文化氛围，感受到浓厚的地域风情。

又如，通过民俗传统手工艺品的现场制作与展示，不仅能让游客近距离观赏到精湛的手艺，还能为游客提供亲手参与制作的机会，通过游客与民俗类非物质文化遗产项目的互动性体验方式，极大地丰富了民俗类非物质文化遗产旅游产品的内涵，全面提升游客的体验感。

此外，民俗类非物质文化遗产项目的保护性旅游开发还注重将文化元素融入旅游服务的各个环节，从住宿、餐饮到交通、购物，都力求体现地方特色和民族风情。这种全方位的文化体验，不仅拓宽了游客的旅游视野，也提升了游客的旅游满意度和忠诚度，从而增强民俗类非物质文化遗产项目所在地旅游市场的活力和吸引力。

2. 促进民俗类非物质文化遗产项目的可持续传承与传播

民俗类非物质文化遗产项目是一个国家或地区极具代表性的非物质文化遗产之一，也是中华民族文化宝库中的重要组成部分，承载着丰富的历史记忆和民族情感。其保护与传承必须在活化的文化生态环境中进行，否则极易沦为纸上项目。然而，在现代社会快速变迁的背景下，许多民俗类非物质文化遗产项目所在地的外在环境遭到了一定的破坏，使其面临着传承断层、技艺失传等严峻挑战。

保护性旅游开发是一种特殊的旅游开发方式，其不同于传统旅游开发的大拆大建，而是保留了地方民俗类非物质文化遗产项目生存的土壤，在此基础上为民俗类非物质文化遗产项目提供自我、吸引关注的平台。

在这一过程中，当地政府或非物质文化保护等有关部门，通过文化宣传、景区建设，能够为当地民众提供重新认识传统民俗文化、深度挖掘传统民俗文化内涵，以及对传统民俗文化进行创新的机会，在客观上能够唤起当地民众对本地民俗文化的认同，提升当地民俗的凝聚力。而民俗类非物质文化遗产项目的保护、传承、发展均与当地民众对其的认识、态度和行为息息相关。因此，民俗类非物质文化遗产项目的保护性旅游开发，不仅能够促进当地旅游业的发展，还能够唤起当地民众的文化自信，提升其对当地民俗类非物质文化遗产项目保护和传承的责任心和使命感。

除此之外，旅游开发带来的经济收益，能够为民俗类非物质文化遗产项目传承人提供必要的物质支持，有助于其更好地投身于民俗类非物质文化遗产技艺的学习、传承和创新之中。更重要的是，旅游活动作为文化传播的有效载体，能够将非物质文化遗产文化传播到更广泛的地域和人群中，促进文化的多样性和交流互鉴，为非物质文化遗产项目的可持续传承奠定坚实基础。

（二）保护性旅游开发的模式

民俗类非物质文化遗产项目的保护性旅游开发模式，按照不同的标准可以划分为不同类型（见表3－4）。

表3－4　民俗类非物质文化遗产项目保护性旅游开发模式一览表

分类标准	类型	说明
按原生地原则	原生地静态开发	侧重于在民俗类非物质文化遗产项目的原生地进行保护和展示，通过设立博物馆、展览馆等形式，将民俗类非物质文化遗产项目以静态的方式呈现给游客

续表

分类标准	类型	说明
按原生地原则	原生地活态开发	在民俗类非物质文化遗产项目的原生地进行活态传承和展示，通过表演、演示等方式，让游客亲身体验民俗类非物质文化遗产项目的魅力
	原生地综合开发	综合运用静态展示和活态传承两种方式，同时结合当地的自然景观和人文环境，打造综合性的旅游体验
	异地集锦式开发	将不同地区的民俗类非物质文化遗产项目提取出来，汇聚到某一特定区域进行集中展示和开发
按本真性原则	舞台化——景区旅游模式	将民俗类非物质文化遗产项目以舞台化的形式进行展示，通常与旅游景区相结合，为游客提供观赏体验
	生活化——社区旅游模式	强调将民俗类非物质文化遗产项目融入当地社区生活，让游客在体验当地生活的同时，感受民俗类非物质文化遗产项目的魅力
按旅游主题化和产品化原则	民俗博物馆	通过设立博物馆来展示和保护民俗类非物质文化遗产项目
	节庆模式	通过举办文化节事活动来展示和推广民俗类非物质文化遗产项目
	实景演艺	将民俗类非物质文化遗产项目以演艺的形式进行展示和推广
	主题空间（主题街区/主题公园）	通过打造主题空间来展示和推广民俗类非物质文化遗产项目
	旅游商品	将民俗类非物质文化遗产项目元素融入旅游商品中，实现民俗类非物质文化遗产项目的商品化
	影视开发	通过影视作品来展示和推广民俗类非物质文化遗产项目
	主题旅游线路	将多个与民俗类非物质文化遗产项目相关的景点或活动串联起来，形成主题旅游线路

续表

分类标准	类型	说明
开发导向	依托型	依托已有的旅游景区或文化资源进行民俗类非物质文化遗产项目的开发
	展示体验型	强调为游客提供展示和体验民俗类非物质文化遗产项目的机会
	综合型	综合运用多种开发模式，实现民俗类非物质文化遗产项目的全方位展示和推广
	主题型	围绕某一特定主题进行民俗类非物质文化遗产项目的开发和推广

本书主要对民俗博物馆模式、主题公园模式、实景演艺模式、节庆模式进行详细分析。

1. 民俗博物馆模式

民俗博物馆，是一种强调将民俗文化与其所在的自然环境融为一体，集保护与开发于一体的新型博物馆理念。其不是对民俗文化进行“静态”的保护，而是将民俗文化纳入一个更加生动、互动和可持续发展的框架中。

在民俗博物馆中，民俗文化不仅仅是被展示在橱窗或展板上供人观赏，而是通过模拟或重建当地的生活场景、节日庆典、传统手工艺等方式，让游客能够亲身体验到民俗文化的魅力。这种“活态”的展示方式不仅有助于民俗文化的传承和发展，还能让游客更加深入地理解和感受民俗文化的内涵和价值。

此外，民俗博物馆还注重与当地的自然环境相融合，通过景观设计、生态修复等手段，营造出一种人与自然和谐共生的氛围。这种融合不仅提升了博物馆的观赏性和体验感，还促进了当地生态环境的保护和可持续发展。

以山东省梁山民俗博物馆为例。

梁山，又叫古梁山泊，水泊梁山，山体气势雄浑，风光秀丽，自宋代起即因独特的地理位置成为农民起义军扎营据守之地，受我国四大名著之一《水浒传》的影响，名闻全国。

梁山民俗博物馆位于山东省济宁市梁山县境内，其空间布局按照北宋乡风民俗、市井文化风貌特点，参照电视连续剧《水浒传》中的建筑风格进行设计施工和装饰。馆内藏品丰富，总数高达 11288 件，陈列设计深植于鲁西南传统文化、水浒文化及运河文化的沃土之中，旨在彰显地域文化的深厚底蕴与高雅质朴的文化韵味，成为国内独一无二的集水浒、运河及鲁西南民俗文化于一体的展示平台。

梁山民俗博物馆的最大亮点在于其互动性与体验性。除了静态展示藏品外，馆内设有多个体验厅、表演厅及传统工艺作坊，游客不仅能观赏各类工艺品，欣赏民间艺人现场捏泥人、吹糖稀、剪纸、纺布、绣花、打锡壶、制陶等多种民俗手工艺，还能观赏到丰富多彩的民俗民情，如戏曲演艺、武术展示、水浒美食烹饪、酿酒工艺、大碗酒习俗等生动场面，让游客仿佛穿越回宋代，亲身感受“大碗喝酒、大块吃肉”的豪情壮志。

此外，梁山民俗博物馆还可以为游客兑换古代“钱币”，游客持古代的铜钱或银两，可以到馆内的饭店、餐馆就餐，打几两酒切几斤大块牛肉，亲身体验“大碗喝酒、大块吃肉”的水浒豪情。梁山民俗博物馆还会进行水浒情景剧表演，游客在特定场景中可以与多个小说中的经典角色互动，体验古代市井生活的烟火气。

这种动、静结合的民俗博物馆，不仅盘活了梁山的民俗文化旅游资源，还为游客提供了难忘的民俗体验，是民俗类非物质文化遗产项目保护性旅游开发的主要模式之一。

2. 主题公园模式

主题公园是一种较为流行的民俗类非物质文化遗产项目保护性旅游开发模式之一。主题公园是以游乐为目标的模拟景观的呈现，其最大特点是赋予游乐形式以某种主题，围绕既定主题来营造游乐的内容与形式。园内所有的建筑色彩、造型、植被游乐项目等都围绕主题进行设置，构成游客容易辨认的特质和游园的线索。

近年来，伴随着全国各地对民俗文化旅游的重视，产生了一大批民俗风情园等主题公园模式的旅游项目。

例如，山东省境内的济南中华民族欢乐园、杨家埠民俗文化古村、即墨双塔民俗园、泗水民俗园、崂山民俗园等。

3. 实景演艺模式

民俗类非物质文化遗产项目的实景演艺模式是一种将传统民俗文化与现代演艺技术相结合的创新形式，旨在通过生动的场景再现和精彩的演绎，向游客展示非物质文化遗产项目的独特魅力和深厚文化底蕴。

民俗非物质文化遗产项目，通常包含着鲜明的民俗文化，实景演艺模式能够通过实景的还原和打造再现当地的民俗文化特色，将非物质文化变成具象化、可体验、可感受的场景，让游客搭建沉浸式的场景里，感受当地的特色民俗非物质文化遗产项目。

在进行实景演艺模式开发时，当地有关部门应当先对本地的民俗类非物质文化遗产项目进行深入的挖掘和整理，了解其历史渊源、文化内涵、表现形式及传承现状。通过田野调查、专家访谈、文献研究等方式，收集第一手资料，确保演艺内容的真实性和准确性。

接着，根据非物质文化遗产项目的特点，选择具有代表性的地点或环境进行实景搭建。

例如，与农耕文化相关的生产民俗类非物质文化遗产项目，可以选择具有典型农耕风貌的乡村或田野作为演出场地；与民间贸易息息相关的商贸民俗类非物质文化遗产项目，则可以搭建古色古香的卖场或古代街市。通过场景的精心布置，营造出浓郁的文化氛围，使游客仿佛置身于历史的长河之中。

在场景搭建的基础上，还要对民俗类非物质文化遗产项目进行创意编排和演绎，包括设计引人入胜的故事情节、编排精彩的舞蹈和音乐、制作精美的服饰和道具等。通过演员的精湛表演和现代科技手段的辅助（如多媒体声光电技术），将非物质文化遗产项目的精髓和魅力淋漓尽致地展现出来。同时，注重与观众的互动，让观众在观赏过程中产生强烈的参与感和共鸣。

值得注意的是，实景演艺模式不仅要忠实于非物质文化遗产项目的原貌，还要注重与现代元素的融合与创新。通过引入现代演艺理念和技术手段，对民俗类非物质文化遗产项目进行适当的改编和包装，使其更加符合现代观众的审美需求。

4. 节庆模式

节庆模式是一种创新的文化传承与旅游融合策略，其巧妙地融合了某一地域深厚的文化内涵，尤其是独特的民俗类非物质文化遗产项目，通过精心策划的节庆活动，生动展现民俗类非物质文化遗产项目的丰富性与魅力，从而吸引广大游客的参与和体验。这种模式不仅能够促进地域民俗类非物质文化遗产项目的传承与发展，还能够带动了地方旅游业的繁荣，实现文化与经济的双赢。

例如，潍坊风筝节就是将潍坊当地的风筝民俗与现代旅游业结合起来的节庆模式。

风筝，古代称为“纸鸢”“鹞子”，其不仅是一种休闲娱乐项目，还是民间的一种民俗符号。潍坊，又叫潍都，历史上是世界风筝的发源地。

历史上，早在春秋战国时期，潍坊就有了制作风筝的记录，经过一代代工匠的制作与创新，到了明清时期，潍坊的风筝制造业更加繁荣，成为闻名中外的“鸢都”。自 20 世纪 80 年代以来，潍坊风筝从传统的小作坊生产，逐渐朝着品牌化方向发展。潍坊人不仅善于制作风筝，还形成了独特的放风筝民俗。每年农历三月，潍坊人都会聚在一起召开盛大的放风筝大赛，潍坊风筝节应运而生。

潍坊风筝节是一个集风筝运动、民俗文化、旅游经济和都市文明于一体的节日庆典活动。从 1984 年至今，潍坊风筝节已举办了 40 多届，影响越来越大，甚至走出国门，走向国际。

每年潍坊风筝节举办期间，都会吸引大批游客到潍坊旅游。人们除了通过多种方式沉浸式了解潍坊的风筝文化，欣赏制作精美的风筝之外，还能够品尝正宗的山东美食，欣赏潍坊的鼓艺、鲁剧、秧歌等传统民间艺术表演，极大地带动了潍坊的旅游事业。

第四节 民俗类非遗项目保护与开发面临的挑战

近年来，民俗类非物质文化遗产项目的保护与开发取得了一定的成果，然而，在社会科技快速发展以及城市文化、外来文化的冲击下，民俗类非物质文化遗产项目保护与开发仍然面临着一系列的挑战。

一、民俗类非遗项目保护与开发环境面临的挑战

自 20 世纪末期以来，伴随着社会科技的更新换代，我国社会经济取得了突飞猛进的发展，伴随着生活水平的提高，人们的生活方式发生了翻天覆地的变化，许多民俗类非物质文化遗产项目赖以生存的土壤发生了巨大变化，面临着变异或消亡的挑战。

（一）民俗类非物质文化遗产项目生存环境改变

近年来，伴随着全球经济一体化、我国城镇化进程的不断加快，极大地推动了我国的工业化、现代化的发展的进程。尤其是近年来，伴随着数字化技术的飞速发展，极大地推动了我国各种新技术、新产品层出不穷，对人们的传统生产方式、消费习惯和生活节奏产生了深远影响。

许多传统农业和传统手工艺生产，由于生产效率低、成本高，难以在激烈的市场竞争中，与机械化、规模化的现代生产方式相抗衡，逐渐失去了其原本的市场地位，甚至面临着消失的风险。

此外，伴随着全球经济一体化的发展，全球文化也呈现出一体化发展的趋势。外来文化和城市文化无孔不入，其虽然在一定程度上丰富了人们的文化生活，但也对传统乡村的民间文化产生了较强的冲击和渗透。加之人类活动对自然环境和气候的影响，使得许多具有地方特色、民族特色的

民俗类非物质文化遗产项目逐渐失去了其原有的生存土壤和文化氛围。

民俗类非物质文化遗产项目往往是在特定的时代、特定的生产力和生产关系下逐渐形成的。现代生产力、生产关系，以及生活方式的变革，对民俗非物质文化遗产项目的生存环境带来了极大挑战。

（二）传承人的老龄化与断层

民俗类非物质文化遗产项目作为民族文化的瑰宝，其传承方式与其他非物质文化遗产项目一样，均依靠口口相传和行为示范进行传承，民俗类非物质文化遗产项目传承人在其保护、传承与开发中显得十分必要且重要。这种传承模式不仅要求传承人具备高超的技艺和深厚的文化底蕴，更要求传承人对民俗类非物质文化遗产项目有着深深的热爱与执着。

然而，民俗类非物质文化遗产项目传承人队伍正面临着严峻的老龄化与断层问题，这无疑给民俗类非物质文化遗产项目的传承与保护带来了前所未有的挑战。

近年来，老一辈传承人的年龄日益增大，面临着体力不支、记忆力衰退等种种困难。而年青一代受现代文化的冲击，对传统民俗文化的兴趣普遍不高，更倾向于选择与现代科技、经济发展相关的专业和职业，追求现代、时尚的生活方式。年青一代价值观的转变，使得民俗类非物质文化遗产项目在年青一代中的吸引力大大降低，难以吸引他们投身到非物质文化遗产传承的事业中来。如果老一辈民俗类非物质文化遗产项目传承人去世，年青一代的传承人未能及时成长起来，则可能会导致民俗类非物质文化遗产项目的传承出现断层。这对于民俗类非物质文化遗产项目的传承将是巨大的打击。

（三）商业化与过度开发的冲击

民俗类非物质文化遗产项目广泛存在于人们的日常生活与生产活动之中，其中蕴含着丰富的文化内涵，深受现代游客的欢迎。然而，许多地区在对民俗文化进行开发时，存在不注重民俗文化的可持续发展、过于追求短期经济利益的现状。

其主要表现为忽视民俗类非物质文化遗产项目的文化内涵和深层次价值，将其简化为表演或商品出售，导致民俗类非物质文化遗产项目失去原有的魅力和意义。

此外，许多民俗类非物质文化遗产项目在开发时，没有对其进行足够的保护，过于商业化，不仅破坏了民俗类非物质文化遗产项目所依赖的自然环境和社会环境，还影响了其周边社区的文化氛围和居民的生活方式。这种破坏对于民俗类非物质文化遗产项目的打击是巨大，严重时，甚至可能会对其生存与传承产生威胁。

二、民俗类非遗项目保护与开发思想面临的挑战

除了外在环境面临的挑战，民俗类非物质文化遗产项目保护与开发在思想层面上也面临着重重挑战。

（一）传统社会与现代社会价值观的冲突

近年来，受社会科技、经济、文化的全面快速发展与变革的影响，现代社会的生产与生活与传统社会的生产与生活发生了较大变革。这种变革不可避免地与传统社会的价值观产生了冲突。

传统社会崇尚人与自然的和谐共生，受当时的生产力水平和生产方式所限，人们的生活节奏相对缓慢，形成了重视家庭、社区和传统的价值观念，如尊老爱幼、勤俭节约、诚信守道等。这种价值观深深植根于我国传统农耕文明之中，与自然的节奏紧密相连。

进入现代社会后，随着科技的飞速进步、经济的全球化以及文化的多元化，人们的生活方式和价值观念发生了显著变化。现代社会强调效率、竞争和创新，快节奏的生活方式和“时间就是金钱，效率就是生命”的观念深入人心。这种价值观推动了社会经济的快速发展，但同时也带来了一系列问题，如人际关系的疏离、精神压力的增大、对自然环境的忽视等。

在现代社会中，人们往往过于追求物质利益和即时满足，忽视了传统价值观中的精神追求和长远考虑。例如，在追求经济效益的过程中，可能会忽略民俗文化的价值，不注重对民俗文化生态环境保护；在忙碌的工作中，可能会忽视家庭和亲情的维护；在竞争激烈的市场中，可能会违背诚信原则。这些现象都体现了现代价值观与传统价值观之间的冲突。

传统社会与现代社会价值观的冲突，对年青一代的思想产生了极其重要的影响，使年青一代形成了独特的价值观和审美观，在无形中其与传统文化的价值观、审美观产生了一定的错位，使民俗类非物质文化遗产项目的保护与开发面临着较为严峻的价值观挑战。

（二）文化认同感的淡化

民俗文化是一种极其特殊的文化，其是一种集体文化，由一个国家、民族或地区的人民集体创造和传承。其在现实生活中，对当地民俗具有重要的规范、引导作用，有利于推动当地民众文化认同感和文化凝聚力的形成与发展。同时，民俗文化本身的形成也离不开当地民众的文化认同。可以说，民俗文化与文化认同之间是一种相辅相成的关系。

然而，伴随着全球化和现代化的发展，年青一代对本土传统文化的认同正面临着逐渐淡化的趋势。

一方面，全球化不仅促进了经济、科技的交流与发展，也加速了文化的传播与融合。外来文化的涌入，为本土文化带来了新鲜元素和多元视角，但同时也对本土传统文化的主体地位形成了冲击。年青一代在享受全球化带来的便利与乐趣的同时，往往更容易被新奇、时尚的外来文化所吸引，相应地减少对本土传统文化的兴趣与认同。

另一方面，现代媒体与网络的普及，为文化传播提供了更加便捷、高效的途径。然而，在海量信息的冲击下，年青一代往往更倾向于关注娱乐、时尚等轻松话题，而对传统文化的关注度较低。同时，部分媒体为了追求商业利益，过度渲染外来文化的吸引力，进一步加剧了本土传统文化的边缘化。

此外，我国现阶段对民俗文化教育的重视程度有限，缺乏相对健全的教材体系，许多学校对民俗文化的教育重视程度相对不足，缺少系统、深入的教学内容与方法，导致年青一代对本土文化的了解与认知未形成系统化的知识体系，这也在一定程度上影响了年青一代对民俗文化的认同感。这些都对民俗类非物质文化遗产项目的保护与开发构成了严峻挑战。

三、民俗类非遗项目保护与开发资源与管理面临的挑战

在民俗类非物质文化遗产项目的资源与管理方面，也面临着诸多挑战。

（一）资源分散与整合难度

民俗文化深深地植根于特定地域的自然环境、社会结构、历史传统之中，具有较强的地域性特点。俗话说“十里不同风，百里不同俗”，即使同一个省的不同地区，民俗文化也存在较大的差异性。有时甚至两个相邻县的风俗也不尽相同。这既成就了我国丰富多样、各具特色的民俗文化，也导致民俗类非物质文化遗产项目资源在地域空间分散上呈现出高度分散的状态。

不同地区对民俗类非物质文化遗产项目的记录、整理、保存和传承，客观上存在各自为政的现象，这就导致非物质文化遗产项目的相关信息和资料难以得到全面、系统的整理和汇总，不利于民俗类非物质文化遗产项目资源的有效整合和利用。

（二）资金与人才短缺

非物质文化遗产是一种稀缺资源，具有不可再生性，对外在环境的依赖性较高，民俗类非物质文化遗产也是如此。其保护和开发往往需要大量资金和人才资源。

然而，现实中，由于民俗类非物质文化遗产项目往往较为分散，单个

项目所获得的资金和人才支持十分有限，导致其保护与开发面临着资金与人才短缺的困难，致使许多民俗类非物质文化遗产项目存在人才断层、技艺失传等现象。这也从侧面反映出民俗类非物质文化遗产项目在保护与开发面临的资源与管理挑战。

（三）知识产权保护与管理

非物质文化遗产形式多样、内容丰富，尤其是民俗类非物质文化遗产，往往与当地的特色技艺、产品或艺术息息相关，涉及的利益主体较多，在对民俗类非物质文化遗产项目进行保护与开发的过程中，难免会涉及不同利益主体之间的矛盾与冲突。

比如，某项民俗类非物质文化遗产项目的主体之一已经进行了知识产权申请，然而由于其具有群体性，难以有效证明其所申请知识产权项目的新颖性，其他利益相关者仍然会对该项目进行使用、开发、出版。有的项目虽然具有一定的新颖性，在现实中却不可避免地遭遇仿冒、盗用，致使民俗类非物质文化遗产项目开发过程中的知识产权无法得到有效的保障。

此外，现阶段，我国非物质文化遗产相关的法律法规与知识产权制度之间的兼容度并不高，这些都导致民俗类非物质文化遗产项目的知识产权保护与管理方面面临着一定的挑战。

四、民俗类非遗项目保护与开发制度面临的挑战

民俗类非物质文化遗产项目的保护与开发是一项极其复杂的工程，涉及挖掘、收集、整理、记载、归档、制作各级各类非物质文化遗产名录、保护、开发等多个环节。自 21 世纪初期，我国有关部门即开始组织对非物质文化遗产进行大规模的挖掘与整理，不断提升非物质文化遗产保护与开发的制度化和法治化建设水平。

2005 年，国务院、国务院办公厅分别印发了《关于加强文化遗产保护的通知》和《关于加强我国非物质文化遗产保护工作的意见》，提出了

“保护为主、抢救第一、合理利用、传承发展”的非物质文化遗产保护工作指导方针。

自 2006 年以来，伴随着《国家级非物质文化遗产保护与管理暂行办法》的出台，我国非物质文化遗产资源的整理、统计逐渐进入正轨。

2011 年，《中华人民共和国非物质文化遗产法》出台，将非物质文化遗产保护的有效经验上升为法律制度，将各级政府部门保护非物质文化遗产的职责上升为法律责任，为非物质文化遗产保护政策的长期实施和有效运行提供了坚实保障。

2021 年，中央办公厅、国务院办公厅发布了《关于进一步加强非物质文化遗产保护工作的意见》，强调要切实提高非物质文化遗产的系统性保护水平。

2022 年，国务院办公厅发布了《关于同意调整完善非物质文化遗产保护工作部际联席会议制度的函》，对非物质文化遗产保护工作部际联席会议制度进行了调整、完善，极大地推动了部门之间对非物质文化遗产的保护与开发工作的协调与配合。

同年，中共中央办公厅、国务院办公厅印发了《“十四五”文化发展规划》其中特别强调了要加强非物质文化遗产的保护传承，建设 30 个国家级文化生态保护区、20 个国家级非物质文化遗产馆和一批专题非物质文化遗产馆，等等。

这些政策为包括民俗类非物质文化遗产项目在内的非物质文化遗产保护提供了坚实的保障。然而，在民俗类非物质文化遗产项目的保护与开发中，仍然面临着知识产权等一系列难题。而现有的非物质文化遗产法律法规与知识产权法律法规并不兼容，使得民俗类非物质文化遗产项目保护与开发仍然面临着制度开发方面的挑战。

第四章　山东生产民俗类非遗项目的传承与创新

第一节　生产民俗概述

山东地理样貌丰富多样，气候资源优越，属于温带季风气候。漫长的海岸线为山东人民提供了丰富的海产品资源，渔业生产十分发达。此外，山东还是一个农业大省，土地耕种率高，自古以来形成了丰富多样的生产民俗。

一、农业生产民俗

农业生产民俗主要包括土地制度、农耕经验、技术、农具的种类及其使用与制作、农业的灌溉、劳作情况、农产品的储存、加工与销售等围绕农业生产各个环节的民俗事象。

农业生产民俗的类型主要包括传统农业耕作的时序与节令习俗、农业生产相关的谚语、农业娱乐风俗等。

1. 传统农业耕作的时序与节令习俗

农业生产是一项特殊的生产方式，其对气温、降雨以及风力等自然因素的依赖性较强。我国古代劳动人民在长期的农业生产中经过对自然界的观察，形成了依据不同的时序和节气变化安排农业生产生活的经验，并据此形成了一系列与农业生产活动相关的经验与习俗。

以山东省农业生产民俗为例。

山东省的农业种植模式主要为两年三熟制，个别地区实行一年两熟制。其主要农作物有小麦、玉米、大豆、高粱、谷子、红薯、棉花、花生、果树以及少量稻子等。

其中，小麦为冬小麦，一般秋末冬初种植，第二年夏初收获。其他农作物大多秋季收获，形成了春耕、夏蕴、秋收、冬藏的农业生产规律，并因此衍生出一系列农业生产民俗。

2. 农业生产相关的谚语

我国古代生产力相对落后，劳动人民在农业生产中除了掌握必要的时序和节令，还根据每年的经验预测农时，安排相应的农业生产，形成了许多农业谚语。

例如，山东农业谚语：春雨贵如油，秋霜白如银；立夏种芝麻，小满种大豆；谷雨前后，种瓜点豆等。这些农业谚语本身即是一种特殊的民俗事象。

3. 农业娱乐风俗

农业生产过程中，人们取得丰收时或盛大节日时常常会聚集在一起举行大型庆祝活动，表达丰收的喜悦，即形成了独特的农业娱乐风俗。

例如，春节期间的庙会、元宵节的花灯、端午节的龙舟赛等活动。

4. 其他

除以上几种农业民俗外，在农业生产过程中，我国劳动人民还形成了丰富多彩的祈福、禳灾的民间习俗。

二、渔业生产民俗

渔业生产民俗根据生产环境和生产方式可以划分为传统的渔业生产民俗、传统渔业生产心理民俗和海洋节会民俗、传统的渔业生产饮食民俗等类型。

（一）传统渔业生产民俗

传统渔业生产民俗包括海洋渔业生产民俗、淡水渔业生产民俗等，体现出渔业生产的丰富性、复杂性以及渔民丰富的海洋生产知识、技艺。

以山东渔业生产民俗为例。

山东省是一个海洋大省，濒临渤海和黄海，沿海分布有滨州、东营、潍坊、烟台、威海、青岛和日照 7 个设区市。海岸线北起冀鲁交界处的漳卫新河河口，南至鲁苏交界处的绣针河河口，全长 3504.74 千米，约占全国大陆海岸线的 1/6。沿海居民在长期生产生活中形成了独具特色的渔业生产民俗。

山东沿海的鱼类等海洋产品十分丰富，为海洋渔业的生产提供了优良条件。山东沿海渔民世世代代以海洋为伴，以船作为交通工具和居住场所形成了丰富多彩的海洋渔业习俗。

1. 海上作业分工

海洋渔业生产是一种集体劳动。由于海上作业风险较大，渔民们在进行渔业生产时，通常有严密的组织性和纪律性，无论大船还是小船，船员分工十分明确。具体则包括船老大、大橹、二橹、小伙计、篙手等。

海上作业时，船老大统一指挥，众人令行禁止，各司其职，共同完成海上作业。

2. 海上作业衣装民俗

渔民在海上作业时，需要穿着既能防水又能挡风御寒，还便于工作的衣装。通常上衣为多层、厚实的夹袄，下身为白帆布制作的大裆裤。其既便于活动，又满足了渔民安全、御寒的需要。

3. “插重旗”民俗

渔民海上作业时，如果获得大丰收，就会在驶到港口附近时，在桅杆上挂起旗帜，用“旗语”向岸边接海的家人报喜。不同程度的丰收，旗帜所挂的位置不同，有利于家人分辨、做好接海准备。

4. 海上作业救助民俗

渔民长年在水上漂泊作业，逐渐形成了团结互助、患难与共、同舟共济的精神。当海上作业的渔民发现其他船只的求救信号时，常常会暂停作业，不遗余力地参与救助。

（二）传统渔业生产心理民俗和海洋节会民俗

渔业生产的地点是大海或湖泊，生产状况受气候、自然风浪、温度、光照以及渔业资源的分布、生长发育、海洋环境污染等因素的影响。古代渔民为了祈求平安、丰收，在渔业生产中形成了丰富多彩的渔业生产心理民俗。

例如，渔业生产过程中的语言禁忌、行为禁忌等。

此外，在传统渔业生产习俗中，渔民们出于规避风险，祈求丰收等心理，形成了独特的海洋节会民俗。

例如，山东省即墨区、日照市、荣成市等一带流行的开洋节、谢洋节、上网节等即是独具地域特色的海洋节会民俗，反映了渔民朴素的信仰民俗。

（三）传统的渔业生产饮食民俗

渔业生产与农业生产的收获不同，渔民们的饮食结构也有所区别，形成了各式各样、丰富多彩的海洋美食和特色小吃。这一点将在饮食风俗中进行详细分析，这里不再赘述。

三、林业生产民俗

山东地区的林业生产民俗主要以果树种植为主，受益于其独特的自然环境和气候条件，形成了丰富且具有地方特色的生产与文化习俗。这些民俗不仅体现在农业生产活动中，也渗透到节庆、技艺、手工艺和社区生活中，展示了当地人与自然和谐共生的智慧与传统。

（一）与果树相关的节庆、手工艺与劳动合作

山东地区的果树生产不仅仅是经济活动，还是丰富的民俗和文化活动

的载体。每年春秋时节，山东各地都会举行与果树相关的传统节庆活动。以烟台苹果为例，果农们会在苹果花开时举行“花神祭”，祭祀自然并祈求丰收；乐陵的枣树则通过“启园礼”来迎接新一年的栽种，表达对大自然的感恩。此外，果树的生产和收获往往伴随着集体劳动与合作，尤其在果实采摘季节，村民们会组成劳作小组，共同采摘，形成浓厚的劳动合作氛围。在这些活动结束后，通常会举行丰收庆典，烟台地区的“尝新果”活动便是其中的代表，大家在享用新鲜水果的同时，庆祝一年的丰收，融入了文化娱乐和民间艺术。

（二）果树文化的传承与地方经济

果树种植的民俗文化在山东地区通过世代传承，逐步成为地方经济的重要支柱。例如，峄城的石榴种植不仅是当地的重要产业，还催生了石榴雕刻这一独特的地方手工艺，工艺品以石榴形态为主题，寓意着“多子多福”，极具地方特色。同时，乐陵地区的枣木雕刻、枣木器皿制作等传统工艺也在果树生产的基础上发展起来，这些文化和经济活动相互交织，共同促进了地方文化的繁荣和经济的稳定。

山东地区的林业生产民俗不仅体现了人们对自然的尊重和智慧，也为山东的地方文化、经济和社会生活提供了丰富的资源。果树种植作为一种传承已久的生产方式，贯穿了地方居民的日常生活，并且在现代社会中持续影响着当地的文化认同与社区凝聚力。此外，这些民俗活动在加强地方经济发展的同时，也提升了山东地区在全国乃至全球的文化影响力，成为了独具魅力的文化遗产和经济动力。

四、畜牧业生产民俗

山东地区的畜牧业生产民俗受地域和气候条件的影响较大，主要可以划分为两种类型：以农业区为主的小规模畜牧业生产民俗和地方性传统的家庭养殖习俗。

（一）农业区畜牧业生产民俗

山东地区的农业区畜牧业生产以家庭为单位，常见的养殖种类包括牛、羊、猪、鸡等家畜。畜牧业与农业生产紧密结合，牲畜的粪便经过发酵处理可作为农田的有机肥料，而农业生产中剩余的秸秆、麦糠等副产品则成为牲畜的重要饲料。通过这种“农牧结合”的方式，不仅实现了资源的循环利用，还形成了山东农业区特有的畜牧民俗。

在鲁西南地区，农民常会在秋收结束后，将牛群赶到田间，让它们啃食剩余的秸秆。当地还有“田牛旺家”的习俗，认为牛在田地里行走能带来丰收的好运。在胶东半岛，猪的养殖民俗颇具特色，农民会利用玉米、高粱等粮食作物的副产品喂养猪群，并在春节前将猪宰杀制作腊肉和香肠，成为春节食品的重要来源。

在鲁北平原地区，牲畜生产活动往往与村落间的合作劳动密不可分。例如，在养牛的过程中，如果一家农户无法单独承担购买和饲养一头牛的费用，邻里间常会采取“合养”的方式，共同分担成本与劳力。这种合作方式不仅缓解了经济压力，也增强了村民之间的互助关系。在收获季节，农户还会借用邻居家的牲畜帮助耕地或运输农作物，形成了浓厚的社区合作氛围。

在鲁中潍坊地区，每年农历二月初二会举行“龙抬头”庆祝活动，农民认为这一天适合为牲畜“开春门”，即开始新一年的饲养和放牧。在这一节日里，农民会为牛刷毛、清洗牛圈，并在牛的角上绑上红布，以祈求牲畜健康、丰收平安。

此外，山东农民根据季节变化调整牲畜管理方式。例如，在春秋两季，鲁中地区的农民会将羊群赶往丘陵或山地放牧，这一传统被称为“转岭放羊”。放牧期间，牧人会用竹笛或简易乐器吹奏小曲，一方面起到赶羊的作用，另一方面也形成了一种别具一格的乡土文化氛围。在冬季，齐鲁大地上的农户则会将牛、羊等牲畜集中圈养，准备充足的草料，确保它们安全越冬。菏泽地区还有冬至日“喂牛羹”的习俗，农民会在这一天为牛煮上一锅由玉米糁、红薯、豆粕混合而成的食物，表达对牲畜的感恩。

（二）畜牧业与地方民俗的文化传承

山东的畜牧业民俗不仅与农业生产密切相关，还深深融入了地方文化和风俗习惯，体现出人与自然的互动和地方性文化认同。在畜牧业生产过程中，山东各地农民依据季节变化、牲畜生长特点以及传统节令，开展一系列具有地方特色的生产活动，这些活动既是生产方式的体现，也是民俗文化的重要载体。

在临沂地区，每年农历六月六的“晒伏节”期间，农民会将牛具、马鞍等放在阳光下曝晒，以示对牲畜劳动的尊重，并祈求牲畜避免病虫害。潍坊地区则流行“二月二，洗牛犊”的习俗，农户会为牛犊洗澡、梳理毛发，并在牛圈撒上麦麸和艾草，以驱邪祈福。在山东部分乡村，春节前夕流行“安宅祭牛”的习俗。农民会为牛圈清扫装饰，并在牛头上绑上红布，以此表示对牛作为生产伙伴的感激和祝福。在这一仪式中，农民会焚香敬拜、献上饲料，祈祷牛群在新的一年中健康成长、繁殖旺盛。德州和聊城一带的农户还会特意为牛群准备豆粕、糯米和红糖混合的饲料，称为“谢牛饭”，以表达感恩之情。

山东的畜牧民俗还体现在许多与牲畜相关的地方故事和传说中。例如，莱芜地区流传着“金牛送福”的故事：传说一户贫苦人家因养了一头善解人意的牛而改变了生活命运，最终家道兴旺。类似的故事在胶东半岛的羊文化中也有体现，人们认为羊是吉祥的象征，“三羊开泰”的习俗在当地广泛流传，每逢春节，农户会在羊圈挂上红纸条，寓意来年风调雨顺。

随着现代农业的发展，许多传统的畜牧民俗逐渐融入新的生产生活方式。例如，潍坊的“二月二”洗牛节，如今发展成为展示农业文化的民俗活动，包括牛文化展览、民间舞蹈表演等形式。德州地区的“牛王节”则成为吸引游客的重要节庆，活动内容从传统的祭祀扩展到牛具制作展示和农耕体验，进一步推动了地方文化的传承与发展。

五、手工业生产民俗

山东的手工业生产民俗丰富多样，包括手工艺劳动和各行业的特定习俗。这些手工业生产不仅为当地经济提供了丰富的物质资源，还形成了独特的民俗文化，贯穿于日常生产和生活之中。

（一）手工艺民俗

山东的手工艺民俗以其丰富的文化内涵和精湛的传统技艺闻名，尤其是章丘、临沂、潍坊等地的手工艺制作更是独具特色。每一种手工艺形式都不仅体现了劳动者的精湛技艺，也承载了深厚的地方文化情感和民俗信仰。

章丘地区因其丰富的铁矿资源，孕育了代代相传的传统铁匠工艺。章丘铁匠以其制作农具、生活用具及铁器雕刻而闻名。铁匠在锻造过程中，将“福禄寿”文化等传统吉祥元素融入到铁器作品中，制作出既实用又美观的铁制品，如铁锅、铁铲、剪刀等，不仅是生活用品，更成为文化符号。特别是章丘铁锅以其优良的导热性能和耐用性享誉国内外，被誉为“工匠精神的代表”。

临沂地区以木工和雕刻艺术著称，木匠工艺融入了鲁班文化传统，被称为“木艺之乡”。木匠使用当地出产的优质木材，制作家具、建筑构件以及工艺品。传统的鲁班锁、木雕屏风等作品，以精细的雕刻技法和独特的图案设计展现了匠人的审美情趣和对自然的理解。这些作品通常蕴含吉祥寓意，例如以松鹤延年、龙凤呈祥为主题的木雕屏风，不仅是实用装饰品，也成为家庭美好愿景的象征。

潍坊作为风筝之都，其风筝制作技艺更是山东手工艺的一大亮点。潍坊风筝的骨架制作讲究轻巧结实，纸面绘画则融合了地方传统绘画风格和民俗元素。风筝的图案通常寓意吉祥，如凤凰、鲤鱼跃龙门等。每年春季，潍坊还会举办风筝节，将这一传统手工艺推向全国乃至世界，成为中外文化交流的重要载体。

随着时代的变迁，山东的传统手工艺也不断创新和发展。例如，章丘铁锅通过改良生产工艺，满足现代家庭需求，同时成为文化创意产品；潍坊风筝通过加入现代设计元素，走向国际市场。传统手工艺不仅延续了历史文化，还通过与现代产业的结合焕发出新的生命力。

（二）行业习俗

山东的手工艺行业以严格的师徒传承制度为基础，确保技艺在代际间的延续。无论是章丘的铁匠、临沂的木匠，还是淄博的陶艺工匠，新入行的学徒都需要在师傅的指导下历经多年学习，才能掌握精髓。例如，木匠行业中，学徒不仅要学习制作家具、建筑构件等基本技能，还需掌握鲁班传统中的“尺法”与“力学”，这些内容往往口口相传，不见于书籍。铁匠则需在高温锻造的环境中掌握复杂的火候控制和精细锻打技术。在这些行业中，行业信仰成为工匠的精神纽带。木匠尊鲁班为祖师，年初和重要工程开工时会敬奉鲁班雕像，祈求工程顺利；铁匠则尊道教老君为祖师，认为铁器的火候与道家哲学有共通之处。这些信仰不仅增强了行业内部的凝聚力，也形成了独特的行业文化。

在交易方式上，山东的手工业者常以分阶段支付或完成后结算的形式与顾客合作。例如，在鲁中地区的木匠行业，顾客通常会支付定金作为材料费，待家具或建筑构件完成后再支付余款。而铁匠行业的“按活计价”则是一种灵活的结算方式，确保顾客能在预算范围内获得满意的产品。这种基于诚信的交易方式不仅保障了工匠的权益，也有助于行业的稳定发展。

随着现代化进程的推进，传统的行业习俗也逐步适应新的社会环境。例如，许多工匠开始通过网络展示自己的作品，将原本区域性的客户群扩展至全国甚至海外，同时维持其口碑传播的传统。行业信仰也逐渐融入文化创意产品中，如鲁班木艺的品牌化开发和铁器工艺品的旅游纪念化，进一步增强了传统手工业的文化影响力。

第二节　山东生产民俗类非遗项目类型与特色

山东生产民俗丰富多彩，然而近年来，伴随着社会的发展，许多民俗文化赖以生存的生产力、生产关系被打破，人们的思想观念逐渐产生了一定的变化，许多民俗文化逐渐消失。自 2005 年以来，伴随着国家有关政策的出台，民俗文化的保护逐渐走向正轨。截至 2023 年，山东各市级以上民俗类非物质文化遗产项目有济南章丘铁匠生活习俗、寿光蔬菜生产习俗、潍县萝卜种植习俗、汶阳田农耕文明、泰山挑夫民俗等（见表 4 -1）。

表 4 -1　　山东省市级生产民俗类非物质文化遗产项目一览表

序号	城市	项目	申报单位/地区
1	济南	章丘铁匠生活习俗	章丘区
2	潍坊	寿光蔬菜生产习俗	寿光蔬菜产业控股集团公司
		潍县萝卜种植习俗	寒亭区固堤街道魏老汉果蔬专业合作社
3	泰安	汶阳田农耕文明	岱岳区文化馆
		泰山挑夫民俗	市直

一、山东生产民俗类非物质文化遗产项目类型

山东生产民俗类非物质文化遗产项目的类型主要包括农业生产民俗、手工业生产民俗两种类型。

（一）农业生产民俗项目

山东省作为农业生产大省，市级以上农业生产民俗主要有寿光蔬菜生产习俗、潍坊萝卜种植习俗以及汶阳田农耕文明。

1. 寿光蔬菜生产习俗

寿光位于山东省中北部、潍坊市西北部、渤海莱州湾西南岸，境内地

势平坦，水利资源较为充沛，适宜发展农业生产。

寿光的蔬菜种植的历史十分悠久，早在夏商、春秋时期，当地即有种植蔬菜的记载。北魏时期，我国古代农业科学家、寿光人贾思勰，根据寿光当地的农业生产编著成的《齐民要术》，是我国古代重要的农业生产巨作。其中即涉及蔬菜栽培种植技术。

数千年来，寿光劳动人民在世世代代的蔬菜生产实践中，总结出了一套独特的蔬菜生产习俗，包括整地、挑畦、育苗、种植、管理、收、藏、留种、食用习俗和相关节俗等内容（见表4-2）。

表4-2　寿光蔬菜生产习俗内容一览表

序号	内容	说明
1	整地	选择深厚的土层和耕层、沙黏适中、土壤疏松、有适宜水分与养料、地力肥壮的轮作换茬地块作为菜地，利用犁、铁锨、撅、锄、耙等工具，进行“深、暄、细、匀、平”耕作，做到精耕细作、耕深耙细。实践证明，耕深以0~50厘米为宜
2	挑畦	菜地翻耕后要挑畦，目的是控制土壤中的含水量，便于灌溉和排水，不同蔬菜畦的高度和宽度不同
3	育苗	在气候条件不适宜蔬菜生长的时期，创造适宜的环境来培养适龄的壮苗，不同蔬菜育苗的日期、地点、方法大有讲究
4	种植	包括育苗后移栽和菜地种植两种，因蔬菜品种不同，种植时间、方式、密度等亦不同
5	其他习俗	管理习俗，如浸种、育苗等地域风俗文化； 饮食习俗，不同节日、场合食俗各不相同

2. 潍坊萝卜种植习俗

我国是萝卜栽培的起源地之一，我国古代典籍《尔雅》中即记载了萝卜的栽培。山东潍坊的萝卜，俗称高脚青或潍县青萝卜，是山东省境内品种优良的萝卜。其以皮色深绿，肉质翠绿，香辣脆甜，多汁味美，风味独特而享誉全国，自古以来就深受人们的喜爱。

潍坊萝卜的种植史已长达300多年，与其独特的地理位置、气候土壤环境以及栽培技术息息相关。经过一代代菜农和农业科技人员的长期培育，形成了大缨、小缨和二缨三个各具特色、口感丰富的萝卜品系。其中二缨萝卜肉质紧密、翠绿、脆、甜、多汁、生食如水果，备受人们的欢迎。

潍坊地处肥沃的冲积平原，土层深厚、土壤有机质含量高、保水保肥性好。境内四季分明、气候温和、光照充足、降雨适中，土层深厚，轻黏壤土，十分肥沃。在种植方面，潍坊萝卜形成了独特的栽培技术，包括整地作畦、播种、间苗定苗、田间管理以及收获等。

现阶段，潍坊萝卜的种植地涉及寒亭区、潍城区、寿光市、经济开发区、昌邑市、潍县等多个地区，种植方式有露地栽培、保护地栽培（秋延迟保护地栽培、早春保护地栽培）两种类型。

数百年来，受潍坊萝卜种植史影响，潍坊地区形成了一系列与萝卜相关的习俗。例如，独特的潍坊菠萝生吃习俗、传说等，共同构成了丰富多彩的潍坊萝卜种植习俗。

3. 汶阳田农耕文明

汶阳，是古地名，即今天的泰安西南一带，从地理环境上来看，其位于山东境内的主要支流大汶河（古称汶水）的北边，因此得名。

汶阳田的概念有狭义和广义之分。广义的汶阳田泛指汶水两岸整个冲积平原，狭义汶阳田特指大汶口以下汶河中游区段的北岸农田，主要包括今泰安市岱岳区西南部和肥城南部，以今肥城市汶阳镇为中心。①

早在距今6500～4500年前，原始先民就生活在汶阳一带，从事渔猎、种植、养殖等原始农业活动，以种植麦（大、小麦）、禾（黍、稷、稻、粱）为生，形成了独特的大汶口文化。

先秦时期，汶阳实行井田制，农耕文明依然兴盛。春秋末期，汶阳地区隶属鲁国境内。公元前594年，鲁国正式推翻过去按井田制，改行“初税亩”，从法律上承认土地私有。初税亩的实验地即是汶阳。在这一制度的影响下，汶阳地区的农业获得了快速发展，“汶阳田”逐渐成为令天下诸侯垂涎的膏腴之地。从这一意义上来看，汶阳田是中国古代土地制度改

① 赵学法．泰山文化举要：下部［M］．长春：吉林人民出版社，2016：1083.

革的见证者，见证了承载封建土地私有制度崛起与原始公有制度灭亡的历史文化记忆，推动了神州大地上历经千年的统一多民族封建国家的建立。

战国时期，汶阳地区的农业耕作技术已十分发达，其淘汰了原始的撂荒休耕制，利用耕牛和铁农具实行“深耕熟耨”，“汶阳田”的粮食产量进一步增加，成为令各地诸侯竞相垂涎的兵家必争之地。历史上，汶阳地区曾被齐鲁两国反复争夺，产生了“自古文明膏腴地，齐鲁必争汶阳田”的佳话。

汉代初期，设置“汶阳县”，并在此推行“代田法”和“区田法”。这两种耕作方法，布局巧妙，耕耨之法精细，能防风抗旱，大大增加了粮食作物产量。此外，汉代对农具进行了较大改革，发明了“耦犁”“耧车”等农具，修筑了灌溉工程，极大地提升了农业生产效率，进一步巩固和提高了汶阳田的粮食产量。

此后数千年来，汶阳田的农业耕作技术一直处于全国领先行列，形成了独特的汶阳田农耕文明。其主要特点如下。

（1）精巧的自流灌溉系统。汶阳田之所以成为历史悠久的高产良田，离不开其自流灌溉系统的运用。古汶阳地理条件优越，境内拥有多条河流，地下还有多条暗河，在西汉时期形成了由沟渠和拦水闸门组成的自流灌溉系统，其既彰显了古代劳动人民对水利资源的巧妙利用，又保障了农田的灌溉，即使在旱季也能保障农田的收获。

（2）循环农业模式。汶阳田农作系统采用轮作、套种、绿肥、有机肥等农作技术，形成种植与养殖相结合的循环农业模式。这种模式不仅提高了土地的利用率，还有效地保护了生态环境，是我国古代农耕文明的杰出体现。

（3）深厚的农耕文明积淀。汶阳田自古至今都是汉族居住地，积淀了丰富而深厚的汉族农耕文明。这里形成了许多与华北平原农业生产生活相关的汉族传统节日和习俗，如春节、元宵节、端午节、中秋节等，这些文化元素极大地丰富了汶阳田农耕文明的内涵。

（二）手工业生产民俗项目

山东省市级以上民俗类非物质文化遗产项目中的手工业生产民俗项目

主要包括章丘铁匠生活习俗和泰山挑夫习俗。

1. 章丘铁匠生活习俗

山东省不仅是农业大省，还是矿业大省。章丘市即有着丰富的铁矿、石灰石、耐火土、煤炭等矿产资源，为冶铁业的发展提供了先决条件。秦朝建立后，在产铁的郡县设“铁官”专营铁器的铸造和售卖。西汉初期，进一步加强了对冶铁业的管理，其中章丘境内有东平陵（今龙山街道办事处）、章丘县接壤的历城、嬴（今莱芜市西北）、千乘（今高青县）、奉高（今泰安）均设置了“铁官”。由此可见，章丘一带自古以来就是国家的重要冶铁中心之一。

唐代，章丘一带的冶铁业更加繁盛，甚至出现了许多与冶铁相关的地名，如冶山和唐冶村（因建制变动，现已划入历城）。传说，唐代李世民东征高句丽，大队人马一路浩浩荡荡经过唐冶村附近时，在附近的一座不起眼的小山上无意间发现了铁矿。李世民下令在此修建冶炼厂，大规模冶炼兵器。慢慢地，人们便在这里聚集起来，形成了一个村子，起名叫唐冶村。

当地人多以打铁为生，有歌谣称：“村村净是叮当声，锤点压过寺庙钟。家家不用打鸣鸡，锤声连连报五更。”据 20 世纪 50 年代初统计，章丘境内人口为 73 万，约有 38 万人以打铁养家糊口。章丘铁匠不仅在当地打铁，还三两作伴前往外地，到山东各地、东北一带以及河北、安徽、山西、河南等地讨生活。

他们年初出门，往往到年尾才回家，凭借一个风箱、一个砧子，外加三把钳子、两把锤背井离乡，养家糊口，形成了独具特色的铁匠生活习俗。

2. 泰山挑夫习俗

泰山，又名岱山、岱岳、东岳、泰岳，位于山东省中部，耸立于齐鲁平原之上，东邻大海，西靠黄河，绵延 200 余里，总面积约 426 平方公里，主峰玉皇顶海拔 1532. 7 米。其巍峨挺拔的气势，与四周的平原与丘陵形成了鲜明对比，自古以来就“登泰山而小天下”的美誉，被誉为

“五岳之首”“天下第一山”。

泰山是我国黄河流域文化的发祥地之一，早在原始社会时期，人类先祖即在这里生存，历朝历代帝王到泰山巡游、封禅，文人墨客对其进行赞颂，留下了众多珍贵的历史遗迹，形成了丰富多彩的泰山民俗。

泰山挑夫习俗即是其中的一种。挑夫是一种特殊的劳动者，通过体力劳动来创造生产价值，因此本书将泰山挑夫习俗归为生产习俗。

泰山挑山工是基于现实需要而诞生的一种特殊职业，从业者大多是泰山周边村落的贫苦百姓。自先秦以来，泰山就以其雄伟的身姿吸引着无数游人，由于山势险峻，许多人攀登泰山时会出现体力不支的情况。此外，还有一些人出于种种目的，在岱顶修建了房屋等建筑，长期居住在山上。无论是游人还是常住者，他们的食、住、行和日常生活用品、建筑工具等全部依赖挑山工的挑运。挑夫这一职业也应运而生，并一直延续至今。

泰山挑夫的入行门槛相对较低，只要身体强壮、有力气、肯吃苦，都可以成为挑夫。生产工具通常是自制的扁担和绳索，工作时，用绳子将货物固定，均匀挑于扁担两头，徒步上山即可。有时候，泰山挑夫需要肩扛百十斤的提子上山。面对数不尽的台阶、沉重的货物以及拥挤的游客，泰山挑夫形成了独特的工作技巧，例如，换肩、走“之”字等。

泰山挑夫的生产劳作状态反映了人类早期的劳作方式，彰显了劳动人民的辛勤和坚韧。数千年来，泰山挑夫文化成为泰山丰富多彩的习俗之一。每年特定的季节，泰山挑夫都会聚集起来进行庆祝和祭祀等一系列活动。这些活动与挑夫的生产方式一起构成了独具特色的泰山挑夫习俗。

二、山东生产民俗类非物质文化遗产项目特点

纵观山东民俗类非物质文化遗产项目，其主要表现出以下几个鲜明特点。

（一）历史悠久，传承有序

山东作为中华文明的重要发祥地之一，其生产民俗类非物质文化遗产

项目大多具有悠久的历史，其不仅承载着厚重的历史记忆，更是劳动人民智慧与汗水的结晶。

例如，汶阳田农耕文明的起源，可以追溯到遥远的大汶口文化时期。原始先民在这片土地上辛勤耕作，与自然和谐共生，创造出了辉煌的农耕文明序篇，后经一代代劳动人民的辛勤劳作才成就了汶阳田的膏腴之地的美名。这些传统生活习俗和技艺，经过千百年的传承与发展，已经深深融入了当地人的血脉之中，成为了其日常生活中不可或缺的一部分。

又如，寿光蔬菜生产习俗的萌芽可以追溯到夏商、春秋时期，后世经过一代又一代劳动人民的劳动实践，逐渐摸索和总结而成。之后，通过口传心授、行为示范传等方式，将其代代相传。在传承的过程中，寿光劳动人民不仅注重技艺的传授和经验的积累，更重视文化的传承和精神的弘扬，为后人留下了宝贵的精神财富和文化遗产。

（二）地域性强，特色鲜明

山东的地理环境和气候条件对当地的生产民俗产生了深远影响。俗话说“靠山吃山，靠水吃水”，山东各地的生产民俗与当地的地理环境和气候环境息息相关。

以寿光为例。

寿光地处鲁中北部沿海平原区，地形全部为平原，属暖温带季风区大陆性气候，境内有多条河流，尤其是中南部除地表水资源外，地下水资源也十分丰沛，农业条件得天独厚，十分适合种植蔬菜。这为其形成独特的蔬菜种植习俗提供了天然的地理优势。

再以章丘为例。

章丘的铁矿资源十分丰富，早在汉代就成为著名的铁矿之乡。在长期的铁矿开采与冶炼过程中，章丘不仅积累了丰富的生产技术和经验，还逐渐形成了具有鲜明地域特色的生产民俗。这些民俗不仅体现在采矿、冶炼的具体操作上，如独特的采矿方法、冶炼技艺的传承，还深深融入了当地人的日常生活，铁匠民俗也应运而生。

（三）文化内涵丰富，社会影响广泛

山东的生产民俗类非物质文化遗产项目与当地劳动人民的日常生产紧密相连，然而作为民俗文化，其内涵又不仅仅限于生产，而是具有极其丰富的文化内涵。

以泰山挑夫习俗为例。

泰山挑夫习俗作为山东生产民俗类非物质文化遗产项目的杰出代表，不仅深刻体现了当地劳动人民的勤劳与智慧，更蕴含了丰富的文化内涵和社会影响。

1. 泰山挑夫习俗是泰山地区独特地理环境和历史背景的产物

泰山，作为五岳之首，自古以来便是帝王封禅、文人墨客朝圣之地，其独特的文化地位吸引了无数人的目光。而泰山挑夫，作为这一神圣之地的特殊劳动群体，其存在不仅满足了山上物资运输的需求，还成为了泰山文化圈不可或缺的一部分。他们用肩挑背扛的劳动方式，徒步穿梭于崎岖的山路之间，用汗水和辛劳书写着对生存的执着追求，以及对泰山的热爱与敬仰。

2. 泰山挑夫习俗蕴含着深厚的文化内涵

泰山挑夫习俗不仅仅是一种特殊的生产劳动方式，更是一种生活态度和精神象征。千百年来，一代代泰山挑夫所表现出的“埋头苦干、勇挑重担、永不懈怠、一往无前”的精神品质，正是中华民族勤劳勇敢、自强不息精神的生动体现。这种精神品质不仅激励着挑山工们不断前行，也深深感染着每一个到访泰山的游客，成为其心中难以忘怀的记忆。

第三节 山东生产民俗类非遗项目的创新发展

山东生产民俗类非物质文化遗产项目不仅承载着深厚的历史文化底蕴，也是一种宝贵的文化资源。山东生产类非物质文化遗产项目的创新发

展可从以下几个方面着手。

一、章丘：借生产民俗发展特色产业

章丘农业生产发达，又有丰富的铁矿资源，形成了独特的大葱栽培技艺和铁匠生产民俗。近年来，章丘借助丰富多彩的生产民俗大力发展特色产业取得了一定的成就。

（一）借农业生产民俗发展特色农业和旅游业

章丘地处山东省济南市，北邻黄河，东北方则属长白山脉，地形较为丰富，境内既有山地、丘陵也有大片平原，水资源较为丰富，十分适合栽种大葱。章丘是我国大葱的产地之一，其栽种大葱的历史可以追溯至春秋战国时期，当地还流传着女郎山与葱仙女的故事。

章丘大葱具有“高、大、脆、甜、白”的特点，品种极其优良，备受当地百姓的喜爱。

2008 年章丘市（现在章丘区）人民政府办公室发布第一、二批章丘区级非物质文化遗产名录，其中“章丘大葱的栽培工艺”被乡惠镇申报为生产商贸习俗，跻身章丘非物质文化遗产名录。

章丘大葱的栽培史历史悠久，栽培技术包括育苗技术、移栽技术、定植技术、田间管理技术和病虫害防治技术，而古代的传统栽培技术多体现在播种、留种、移栽和剪葱等环节。

自 20 世纪 80 年代以来，章丘借助其特有的大葱的栽培工艺习俗，推动大葱产业迅速发展，21 世纪前夕，章丘大葱产业基本形成。近年来，章丘大葱产业不断做大做强，在此基础上还发展起农业特色旅游业。

1. 章丘大葱观光园

为了借助大葱生产栽培民俗和大葱产业发展旅游业，近年来，章丘相继建设了章丘大葱观光园、女郎山葱岭郊野公园、王金村旅游接待中心、章丘大葱精品馆和文化博物馆等旅游观光和教育场所，还开发了葱小白、葱小玉玩偶等一批特色旅游文创产品，借大葱旅游拉动当地的旅游产业。

2. 章丘大葱文化旅游节

章丘大葱文化旅游节创始于21世纪初，至今已举办了二十多届，以大葱产业拉动特色旅游业。2022年章丘大葱文化旅游节旅游路线期间，章丘有关部门还发布了五条一日游和两日游路线，借农业特色生产推动当地旅游业的发展。

（二）借铁匠生产民俗发展铁锅产业和旅游业

2014年，章丘铁匠习俗入选第二批山东省非物质文化遗产代表性项目；2021年章丘铁锅锻打技艺入选第五批山东省非物质文化遗产代表性项目。作为一项手工业生产技艺，章丘铁锅制造过程需经12道工序，18遍火候，1000度左右的高温锤炼，36000次锻打，直到锅如明镜为止。

近年来，章丘地区以铁匠生产民俗和铁锅锻造技艺作为基础，依托当地的铁矿开发大力发展铁锅生产和制造产业取得了一定的成果。

除此之外，章丘地区还大力发展全域旅游，2020年12月，章丘获评国家全域旅游示范区。“全域旅游”是一种现代城市发展观念，指突破景区的狭隘区域，城市建设、环境保护、交通运输、餐饮服务等各个方面均服务于旅游发展大局。通过政府引导，市场主导，在各个空间板块上形成不同特色的旅游产业和业态集群，将整个章丘打造成一个超级景区。

章丘铁匠习俗和章丘铁锅锻打技艺作为章丘特色生产和技艺，在推动章丘全域旅游发展中起着重要的推动作用。

二、寿光：以菜为媒发展旅游业

寿光位于山东半岛中部，气候温和。尤其是南部地区的土质十分肥沃，水利条件优越，十分适合农业生产。寿光自古以来就形成了蔬菜生产的习俗。早在20世纪90年代，寿光就率先在当地推广冬暖大棚蔬菜生产技术，研究发了数百项蔬菜种植技术，建立了蔬菜科研专业院所，大力发展蔬菜产业，形成了创新科技、示范推广、专业生产、品牌建设、产业链条健全，产业集群化发展的蔬菜生产特色。

除了蔬菜生产之外，近年来，寿光还以蔬菜为媒大力发展旅游业。

（一）寿光蔬菜旅游业发展模式

寿光蔬菜旅游业的发展模式大体可以发展为三种类型，即蔬菜观光型、蔬菜体验型、蔬菜科普型。

1. 蔬菜观光型旅游模式

蔬菜观光型旅游模式以观赏蔬菜、蔬菜园艺等视觉景观为主要载体，通过展示蔬菜美景、蔬菜园艺的精致布局以及蔬菜科技的成果，为游客提供愉悦的感官享受。

这种蔬菜旅游模式一方面满足了游客对美的追求和好奇心，另一方面也促进了农业与旅游业的融合发展，提升了蔬菜产业的附加值。

2. 蔬菜体验型旅游模式

蔬菜体验型旅游模式通过采摘品尝蔬果、参与蔬菜种植、品尝蔬菜美食等活动，让游客亲身体验田园乐趣，享受农事活动的乐趣。这种蔬菜旅游模式，强调游客的参与性和互动性，不仅满足了游客对休闲体验的需求，还促进了农产品的销售，增加了农民的收入，推动了农村经济的发展。

3. 蔬菜科普型旅游模式

蔬菜科普型旅游模式以蔬菜种植技术、蔬菜园艺、蔬菜历史文化等科普知识为载体，通过参观学习、科普教育等形式，向游客传播蔬菜相关的知识和技术。

这种蔬菜旅游模式不仅提高了公众对蔬菜产业的认知度和关注度，还促进了农业科技的普及和推广，为农业可持续发展注入了新的动力。同时，其也丰富了旅游产品的文化内涵，提升了旅游的品质和档次。

（二）多景点协同拉动蔬菜旅游

为了大力发展蔬菜旅游业，寿光当地设立了众多蔬菜旅游景点，以满足游客的旅游观光需求。

1. 寿光蔬菜高科技示范园

寿光蔬菜高科技示范园，始建于1999年，占地20000亩，是国家4A级旅游景区，也是一处集科技开发、科普教育、技术培训、试验示范、种苗繁育等于一体的多功能蔬菜科技示范基地，属于蔬菜观光、科普型兼备的旅游景点。

园区内部建成了三园三区五中心格局，即：蔬菜高新技术创新园、农业博士创业园、外商投资园；蔬菜标准化生产示范区、新品种试验示范区、现代化设施试验示范区；智能化信息管理中心、蔬菜高新技术培训中心、展示交流中心、现代化生物工程种苗中心和蔬菜保鲜加工销售中心。整个园区的景点众多，大江南北的水果、蔬菜应有尽有。

2. 寿光生态农业观光园

生态农业观光园，又称寿光植物公园，国家4A级旅游区，以寿光“中国蔬菜之乡”生态农业文化为特色，设置了蔬菜博览、花城风采、林果绿洲、水上游览四大主题景区。其中，蔬菜博览区主要展示农圣先贤贾思勰及其巨著、农史、农具、生态农业、绿色产品等，为游客提供了寿光蔬菜发展的清晰脉络。

3. 林海生态博览园

林海生态博览园，属全国农业旅游示范点，国家4A级旅游区，同时也是山东省森林公园和国家湿地公园，带有浓郁的乡土气息。园中不仅建有大片沿海防护林、风景林、经济林形成的盐碱地森林景观，而且还建有东方不沉湖、休闲垂钓中心、霜雪湖水上运动中心、高尔夫练球场、素质拓展培训中心、荷香园、槐香园服务区、百果采摘园、天然湿地保护区、森林度假村、盐业观光园、农业观光园等一系列游乐设施。

4. 中国寿光蔬菜博物馆

中国寿光蔬菜博物馆是我国第一家以蔬菜为主题的专业性博物馆，其中收藏着我国数千年蔬菜培育的历史文物，设有古历史区、蔬菜大观区、科技创新区、展会文化区、蔬菜与饮食区5个富有地方特色的系列基本陈列。

其中，古历史区收集了从原始社会到明清时期的蔬菜生产相关的文物、书籍，反映了我国灿烂的农耕文化和悠久的蔬菜种植历史。

蔬菜大观区则收藏有各类蔬菜生物标本、种子、仿真模型及图片文字资料，重点展示栽培食用蔬菜、观赏蔬菜及野生蔬菜的种类和品种，直观地反映了我国蔬菜产业的发展变化。

科技创新区则通过“我的家园”沧桑历史与精美别致的现代棚形科技宫殿对比，揭示出科技创新与蔬菜发展的关系，重点展示为蔬菜发展作出突出贡献的杰出农学家的事迹。

展会文化区则以相关的文物资料、图片、声像等，突出反映中国（寿光）国际蔬菜科技博览会上的蔬菜特色文化和各类社会文化等内容。

蔬菜与饮食区展示了蔬菜与人类健康之间的关系，表明了寿光蔬菜饮食文化源于民间乡土，具有浓郁地方特色和丰富内容的特征。

5. 三元朱村

三元朱村是我国农耕文化的重要发源地之一，也是中国最大的蔬菜生产、研发、销售基地，被誉为“中国蔬菜第一村”，是国家4A级景区，也是集旅游观光、休闲、娱乐、科普教育于一体的乡村旅游、高效农业观光目的地，每年吸引数十万人前去参观学习。

（三）借助展会发展特色蔬菜旅游

除了多模式发展和多旅游景点建设之外，寿光还借助全国甚至国际性展会活动大力发展特色蔬菜旅游。

例如，中国（寿光）国际蔬菜科技博览会。

中国（寿光）国际蔬菜科技博览会，创办于2000年，每年4月20日至5月20日在山东寿光蔬菜高科技示范园定期举办，迄今为止已举办了二十五届。二十多年来，中国（寿光）国际蔬菜科技博览会逐渐从一个区域性农业展会发展成为国家5A级农业展会，是国内首个获得国际展览业协会（UFI）蔬菜科技展会领域会员与展会双认证的单位，享誉海内外。

每年中国（寿光）国际蔬菜科技博览会召开期间，都会吸引大量农民、游客、客商、企业等前来参观和学习。迄今为止累计 3000 多万人次到会参观。

以 2024 年第二十五届中国（寿光）国际蔬菜科技博览会为例。

其主展区总面积 45 万平方米，包括 10 个展馆、日光温室高产栽培区、蔬菜博物馆、休闲农场及室外展区。展会以蔬菜、种子及相关产业的最新科技成果、前沿实用技术、名优稀特品种以及蔬菜文化为主要展示内容，展示了 3600 多个蔬菜品种，其中新品种 600 多个、先进种植模式 80 多种，前沿技术 100 多项，吸引数万人到场参观和洽谈，极大地拉动了寿光旅游业的发展。

第五章　山东集贸民俗类非物质文化遗产项目的传承与创新

第一节　集贸民俗概述

集贸民俗是指乡村劳动者定期聚集在一起进行的商品交易活动，是我国重要的民俗文化之一。本节主要对集贸民俗的类型和特征进行简要概述。

一、集贸民俗的类型

北方地区把乡村定期买卖货物的场所称为“集”，南方则称为“市”“步”，有的地区称为“墟”“场”“街子”等。本节统一称为乡村大集。乡村大集的日期是附近村民共同约定俗成的，或单日，或双日，或逢二、八，三、七，四、六等。

每到集日时，商家小贩接踵而至，称为“上集”“赶集”；附近的村民纷纷如约到大集上购买商品，补充物资，称为“逛集”“赶场”“赶闲集”等。

按照集贸民俗的性质或参与方式，集贸民俗可以划分为多种类型。

（一）按集日时间划分

按照集日时间进行划分，集贸民俗可以划分为日集、鬼集、单日集、间日集、腊月集等类型。

1. 日集

日集是每天举行的集日，不受特定日期的限制，其能够为附近乡民提供日常生活中需要的各种商品和服务。

2. 间日集

间日集也叫“隔日集”或“轮日集”，这种集市不是每天都有，而是每隔一天或几天才举办一次。具体的间隔天数会根据当地的习惯和市场情况而定，比如隔一天一集的“一四七”集（即每月的1、4、7、11、14、17等日期）或隔两天一集的“二五八”集等。这种集市形式有助于商贩在不同地方轮流赶集，增加销售机会。

3. 鬼市

鬼市也叫露水集、鬼集，这种集市通常在清晨或天未亮时开始，持续时间较短，通常只有几个小时。因为时间短暂且神秘莫测，所以被称为“鬼集”或“露水集”。这种集市多见于农村地区，主要是为了满足农民早起交易农产品的需求。

4. 腊月集

腊月集特指在农历腊月（即农历十二月）期间举办的集市。腊月集的起始日期不一，有的从腊月初八开始设立一直持续到春节前夕。有的则起始较晚。腊月集上的商品种类较传统集日的商品更加丰富多样，从吃的到用的应有尽有。还会出现人们过年时需要的衣食，以及年画、对联、灯笼等春节用品。

通常集市上设有专门的粮食市、柴草市、蔬菜市、禽蛋市、骡马市、猪羊市、棉花布匹衣服市等。不同的市有其固定的集中营业区域。

（二）按照交易对象和方式进行划分

按照交易对象和方式进行划分，集贸民俗可以划分为店铺交易习俗、摊贩交易习俗、庙会交易习俗等类型。

1. 店铺交易习俗

店铺又叫“店面”“铺面”等，是坐商的经营场所。店铺交易方式多样，包括现金交易和赊账等。赊账是旧时常见的一种交易方式，临时赊账会记录在木牌上，称为“挂帐”，木牌则被称为“水牌”。店铺在传统节日如端午节、中秋节、年节（春节）会放假，称为“三节”。这些节日不仅是商家休息的时间，也是商家与顾客、员工之间增进情感交流的机会。

除此之外，不同的店铺的命名、招牌、经营方式等均有其各自的特色，蕴含着丰富的民俗文化。

2. 摊贩交易习俗

摊贩又叫“小贩”“小买卖人”“脚当”等，其与店铺不同，没有固定的经营场所，常用扁担或车马等工具拖着货物到集市上进行交易或走村串巷，沿街售卖。

根据摊贩销售的商品和经营方式的不同，摊贩又可以划分为货郎、卖油郎、卖糖的、卖豆腐的等不同类型。摊贩在售卖商品时，大多需要大声叫卖，以招徕顾客，形成了独特的叫卖民俗。

（三）市语和经纪

市语，是一种集贸语言，指商贩们说的行话、隐语。我国市语的历史十分悠久，通常用于价格较高或稀缺的货物交易。除了行话和隐语之外，还有无声的市语——“捏码子”。买卖双方将右手置于草帽下，或袖口中、衣襟里，用摸指头的方法来表达物价。这种方式较行话和隐语更加隐蔽，能够有效防止他人对交易进行干预。

集贸市场交易过程中除了买卖双方之外，还有一类特殊的人员，称为牙行或经纪，即中介人员。他们常常参与大宗交易活动或牛、马等特殊的商品交易。在此过程中形成了丰富的民俗。

二、集贸民俗的特征

集贸民俗既有一般民俗的特征，也有其独立的特征。

（一）定时性与周期性

集贸民俗的显著特征之一是交易活动的定时性。传统乡村集市往往按照固定的日期或周期（如逢单日、双日或特定的农历节日）举行，这种定时性使得买卖双方能够预知交易时间，从而有计划地进行准备。

集贸民俗还具有周期性的特点，这是由集市的周期性决定的，集市是定期举行的，集市上的商品伴随着季节、节日或经济活动的变化也会发生周期性的变化。这使得集贸民俗的发展与传承也具有一定的周期性特征。

（二）商品多样性与交易灵活性

集贸民俗中的商品种类繁多，涵盖了日常生活用品、农副产品、手工艺品，以及骡马、猪羊等多个领域。集贸商品的多样性不仅满足了不同消费者的需求，也促进了商品之间的交流和流通。

与正规的商业市场相比，集贸市场的交易方式更加灵活多样。买卖双方可以通过讨价还价、以物易物等多种方式进行交易，这种灵活性使得集市交易更加贴近民间生活，也增加了交易的趣味性和互动性，形成了多样的、丰富的集贸民俗。

例如，不同摊贩的叫卖方式和吆喝声也不尽相同。货郎进行贩卖时，通常不吆喝，而是以鼓声代替吆喝。人们听到鼓声就知道货郎来了。又如，卖油郎也不吆喝，而敲击一种名叫“当当”的器具，其声音短促，具有较强的识别性。

（三）社会交往与信息传递的重要场所

集市不仅是买卖商品的场所，也是人们进行社会交往的重要场所。在集市中，人们可以了解到最新的市场动态、商品价格、生产技术等信息，这些信息对于指导生产、调整经营策略具有重要意义。此外，还可以结识新朋友、交流信息、分享经验等。这种社会交往活动有助于增强社区凝聚力，促进社会稳定和发展。

第二节　山东集贸民俗类非遗项目类型与特色

山东是我国重要的经济大省之一，境内水路、陆路交通便利，形成了丰富多彩的民俗文化。

一、山东集贸民俗类非物质文化遗产项目的类型

山东集贸民俗类非物质文化遗产项目较之生产类民俗的类型更加多样（见表5-1），主要分为以下几种类型。

表5-1　山东省市级以上集贸民俗类非物质文化遗产项目一览表

城市	项目	申报单位/地区
济南市	孟氏“祥”字号商号民俗	章丘区
	珠算文化	市中区
	老济南叫卖	历下区
	回民经纪行话	历下区
青岛市	李村大集	李沧区
	胶南泊里大集	西海岸新区
	青岛里院商住民俗	青岛市北区
淄博市	周村古商城商贸习俗	周村区
日照市	安东卫商号	岚山区安东卫街道
潍坊市	景芝大集	安丘市景芝镇文体服务中心
东营市	赶场	垦利区
	西双河大集	垦利区
	友林大集	垦利区
临沂市	刘洪珠算文化	蒙阴县

（一）乡村大集

乡村大集是民间的传统的农产品展销会，也是乡村特有的民俗文化之一。乡村大集历史悠久，可以追溯到先秦时期。《周易·系辞》记载："日中为市，致天下之民，聚天下之货，交易而退，各得其所。"① 这段描述中详细说明了乡村集市发生的时间、场所和商品交换的场景。

魏晋南北朝时期，在城镇周边和乡村出现了"草市"，政府还设立了专门的管理部门对其进行管理。到了唐、五代时期，伴随着社会经济的发展，手工业和商业日益兴盛，草市的数量和规模得到了较大发展。宋代建立后，草市更加繁荣，许多附郭草市逐渐发展为固定的集市。乡村草市，即乡村大集也更加繁荣，许多村镇都设立了大集，为了更好地进行商品流通，同一个郡县的乡村大集通常错开时间。例如，青岛的李村大集通常逢二、逢七才召开，每年大约 72 个集日。

到了明清时期，一些经济较发达地区的乡村大集已经发展为规模庞大、影响广泛的综合性市场，不仅有各类商品，还有丰富的休闲娱乐项目。明代万历年间的《即墨县志》中记载了青岛李村大集的盛况。清代末年，李村大集已形成了繁荣一方、辐射百里的规模，至今已有百余年的历史。

早期的乡村大集，参与者主要为乡村居民为了互通有无而设立的。后来，伴随着乡村大集的发展，许多流动小商人加入其中，为乡村居民提供小手工业品和日常用品。现阶段，乡村大集依然定期召开且日益繁荣，极大地方便了乡村居民的生活，促进了乡村经济的发展。

山东省的乡村大集自古以来就十分繁盛，其中青岛李村大集、胶南泊里大集、潍坊景芝大集、东营的西双河大集和友林大集，均入选了所在地市的非物质文化遗产名录。它们不仅是我国乡村集贸民俗的历史见证，也是记录当地民俗风情的"活化石"。

---

① 本书编辑委员会．易学百科全书［M］．上海：上海辞书出版社，2018：336.

（二）集贸语言民俗

语言是人类最重要的交际工具之一，现实生产和生活中的方方面面都离不开语言。集贸活动作为人与人之间进行的以货币作为媒介的交换活动或行为，更离不开语言。

自古以来，山东人民在集贸活动中形成了丰富多彩的集贸语言民俗。截至2024年初，山东市级以上集贸语言民俗类非物质文化遗产项目主要包括老济南叫卖和回民经纪行话。

1. 老济南叫卖

古代乡村集贸市场上，此起彼伏的叫卖声是商家进行商品推介的重要手段之一，其既能招徕顾客，又能为市场上增添浓厚的市井生活气息。

老济南的叫卖声种类繁多，包括但不限于食品、日用品、药材等各类商品。这些叫卖声各有特色，有的高亢激昂，有的婉转悠扬，各有各的韵味。一些叫卖声还具有较强的季节性和地域性。例如，夏天多冰棍、冻冻、蝌蚪、西瓜的叫卖声；秋天多柿子、大枣的叫卖声等。

例如：

“冬瓜、黄瓜、辣椒、茄子喽——芹菜、芫荽、嫩豆角呗——

长果仁，鲜长果，破扑尘，烂套子，麻包片剩头子，破铜烂锡，玻璃碴子，溜溜瓶子，报纸书本子，大量地收购废品——

丁棍儿……丁棍儿……三分的（读 di），五分。

铛，铛，换糖人儿……换糖人喽……

崩棒子花……崩棒子花……

磨剪子来……锵菜刀……

鲜鸡仔儿……鲜鸡仔儿……

东更道，西更道，王府池子，二郎庙——

卖香椿芽来——紫香椿芽又嫩又香——

一兜面呀——谁买老筋啰——

拔凉解渴红沙瓤、赛冰糖的西瓜哩——

酱油、醋，打甜酱、打辣椒酱、打豆瓣酱，辣椒、杂不拉，酱瓜、酱包瓜、酱黄瓜、酱皮拉，什锦丝、五香疙瘩、荷叶疙瘩咸菜——”

2017 年老济南叫卖被评为济南市第六批市级非物质文化遗产代表项目。

2. 回民经纪行话

济南是一个多民族聚居的省会城市，现有少数民族 52 个，其中回族人口较多，占少数民族人口 84.9%。济南的回民经纪行话是一种特殊的商业交流方式，主要应用于回民商人、手工业之间互通有无、调剂余缺、交易与沟通之中。

济南的回民经纪行话的形成和发展，与回族商人的生活经验和交易习惯密切相关。这些行话不仅用于商品交换，还包括一些特定的数字暗语，用于快速、隐秘地传达信息，尤其是在进行大宗交易时，这种语言技巧显得尤为重要。

例如，数字行话。

回民经纪行话中的数字行话，即各行各业以不同的隐语代替 1～10 的数字。

表 5－2　　　　回民经纪数字行话一览表

阿拉伯数字	行话一	行话二	行话三	行话四	行话五
1	集	天	腰	糖	丁
2	到	门	安	炒	亥
3	听	任	搜	栗	品
4	西	方	骚	子	吊
5	来	麻	外	枣	拐
6	滚	申	苗	滚	孬
7	宪	柴	条	烫	柴
8	分	张	奔	热	张
9	宿	万	刁	粘	万
10	集	天	勺	糕	天

在实际生活中，不同行业只能用一种行话代表确切的数字，绝不能混用，否则就会导致沟通不畅，理解错位，不能有效达到交易的目的。

除了数字行话之外，回民经纪行话还涉及集贸活动的方方面面，如商品名称、交易方式、价格谈判、质量评价等。这些行话往往采用生动形象的比喻、谐音或反义等方式来表达，既便于记忆又富有趣味性，同时也增强了交易过程中的保密性和效率。

回民经纪行话是在特殊的历史背景下形成的，反映了回族商人独特的商业智慧和交易习惯，承载了深厚的地域集贸文化，是山东集贸民俗的重要组成部分。

（三）商号民俗

山东作为经济大省，其商号民俗丰富多彩，体现了深厚的历史文化底蕴和独特的商业传统。

1. 孟氏“祥”字号商号

孟氏“祥”字号商号创设于明代末年，兴盛于清代及民国时期，是山东章丘一带有名的商号，影响范围涉及鲁、京、津、沪、江、浙、鄂等各地，山东近代商业发展史上的一支极具影响的商业劲旅。

孟氏“祥”字号商号在长达数百年的经营中，创设了 106 个“祥”字号店铺，经营范围涉及布匹、绸缎、茶叶、鞋帽、钱庄、当铺等。例如，谦祥益绸布店、瑞蚨祥绸布店、鸿祥茶庄、瑞生祥银号、泉祥茶庄、阜祥当铺、春和祥致记茶店、瑞林祥绸布店等都是孟氏家族创办的“祥”字号店铺。

在数百年的经营中，孟氏“祥”字号商号形成了一系列独特的经营理念和经营方式、店规和社会公益行为规范。

孟氏“祥”字号经营理念：货真价实、童叟无欺，诚实守信，赢得顾客信任。在商品经济尚不发达的明清及近代，这种诚信精神尤为难能可贵，赢得了广泛的顾客信任与忠诚，为商号的长期发展奠定了坚实基础。

经营方式：实行股份制和连锁店经营。

股份制经营方式保障了股东和员工的利益，有利于团结员工，集聚人心，形成良好的内部工作氛围。孟氏“祥”字号在济南、北京、天津、武汉、青岛、烟台、上海等全国各大城市开设了分店，实现了规模化经营，扩大了孟氏“祥”字号的影响力。同时，又为其经营提出了巨大的挑战。为了确保连锁店的管理，孟氏“祥”字号对内形成了一套独特人事系统，设立了严格的店规，确保了连锁店的高效运营和统一标准。

孟氏“祥”字号还十分关心社会发展，将儒家思想融入商业经营中，强调“儒道经营”，不把利润的追逐作为唯一目的，疏财仗义，乐善好施，注重个人名节与社会责任。这种超越单纯利润追求的文化理念，使孟氏“祥”字号商号在激烈的市场竞争中立于不败之地，最终创设了诸多百年老字号，名扬海内外。

2. 安东卫商号

安东卫是山东日照一座历史悠久的城市，明清时期，朝廷在此设立了海防基地，修筑城池，驻扎军队，使安东卫成为我国古代重要的海防城市之一。

安东卫不仅是海防要地，还是重要的贸易通商口岸，海陆交通极其发达，商铺林立，四面八方的客商集聚于此，往来不绝，人市如潮。安东卫商号也应运而生（见表5－3）。

表5－3　安东卫主要商号一览表

序号	商号名称	经营范围
1	“万顺和”商号	酒店生意
2	“义发东”商号	日用品
3	“永祥”商号	当铺
4	“和顺成”商号	钱庄
5	“广丰”商号	—
6	“德和”商号	中药房
7	“春生和”商号	糕点食品
8	“欲成”商号	土特产和生米、猪肉

续表

序号	商号名称	经营范围
9	“鸿幸福”商号	西药房和邮政
10	“同心和”商号	百货
11	“同兴源”商号	杂货
12	“源祥成”商号	土杂货
13	“永春”商号	布匹杂货店
14	“新成永”商号	—
15	“祥泰”商号	—
16	“泰源”商号	百杂货
17	“同心功”商号	土产杂货
18	“同心义”商号	烟酒糕点
19	“同立功”商号	布匹
20	“义香斋”商号	糕点
21	“和顺斋”商号	糕点
22	“同盛源”商号	百货
23	“富心泰”商号	海货
24	“源盛福”商号	粮油
25	“南源盛”商号	米面
26	“西源盛”商号	米面

资料来源：《日照市首批非物质文化遗产名录专辑》。

从表5－3中可以看出，安东卫商号的经营业务十分广泛，既有常见的米面粮油，也有本地土特产；既有新鲜海货，又有时兴的西药房和供南北客商居住的酒店，以及当铺和钱庄。

安东卫商号是在特殊的历史和时代背景下产生的，具有鲜明的时代性，是重要的历史“活化石”。其不仅是当地历史文化的重要组成部分，更是连接过去与现在、传统与现代的桥梁。

安东卫商号民俗是研究当地商业经济发展历史的重要窗口。这些大大小小的商号兴起于明末清初，见证了安东卫及其周边区域社会经济的变迁，揭示了商业发展与社会经济、文化变迁之间的内在联系。其不仅是当地民众共同记忆的一部分，也是社区凝聚力和文化认同感的重要来源。

（四）商住民俗

青岛里院商住民俗是青岛独具特色的集贸民俗之一。里院，是一种民居形式。其结构十分特殊：四面都是楼房，外侧临街，中间围成一个大院子，院门通向外界。楼体即是墙体，楼高两层以上，通常外侧临街的楼体一层作为店铺，商住一体。屋顶则用红瓦铺就，是中国传统四合院建筑与西方联排公寓建筑的结合体。

1898 年两位德国商人来到青岛，从事公寓住宅设计与建造，其将西方建筑与中国北方的传统四合院相结合，设计了“里院”的建筑形式，后来里院逐渐演变为青岛本土特色民居。

许多青岛的老字号，无论巨商还是小商店都开在里院，这种独特的商住民俗具有鲜明的时代特征，不仅见证了青岛集贸商业的发展，还是青岛城市建设的见证者，承载着老青岛人的共同记忆。

（五）珠算文化

商贸的发展，离不开计算。珠算是一种从“筹算”演变而来，以算盘作为工具进行数字计算的古老计算方法，由东汉山东泰山郡蒙阴县（今山东省临沂市蒙阴县）刘洪发明。

刘洪生前担任上计掾一职，掌握了十余种计算方法，“其一珠算”①，珠算即是其中之一。刘洪将平生掌握的计算方法传授给了弟子徐岳。后来，徐岳将这些知识撰写进了《数术记遗》一书。

根据考证，刘洪的故居遗址即位于山东临沂市蒙阴县境内。刘洪发明的珠算以算盘作为工具。刘洪发明珠算前，我国古代多以算筹作为计算工具，珠算发明后极大地提升了人们的计算能力（见表 5－4）。根据相关考证，刘洪弟子众多，除徐岳外，还有多位弟子。其后，弟子们代代相传一直传承至今。刘洪也因此被后人誉为“算圣”。

---

① 临沂市地方史志办公室．临沂年鉴 1995［M］．济南：齐鲁书社，1997.

表 5－4　　珠算发展阶段一览表

阶段	成就	说明
第一阶段	汉代刘洪、徐岳《数术记遗》	把古代流传下来的多种算法作了分类，明确提出了珠算的计算方法
第二阶段	北宋沈括的《梦溪笔谈》	对珠算的使用方法进行了介绍
	南宋杨辉的《日用算法》	
	元代朱世杰的《算学启蒙》	
	明代王文素的《算学宝鉴》	
	明代吴敬的《九章详注比类算法大全》	
	明代程大位《算法统宗》《算法纂要》	结合珠算，对商业计算的加、减、乘、除的口诀及拨珠、举例、演算等进行详细解说
第三阶段	中国珠算协会	推动珠算文化进一步创新和发展

刘洪发明的珠算工具——算盘，易学、易懂，便于进行加、减、乘、除法的四则运算，在古代集贸活动中被广泛应用。

珠算文化作为一种民俗活动，内涵十分丰富。不仅包括当地珠算的传承与发展，还包括珠算口诀、珠算的制作、使用等内容。

珠算口诀

一上一，一下五去四，一去九进一；

二上二，二下五去三，二去八进一；

三上三，三下五去二，三去七进一；

四上四，四下五去一，四去六进一；

五上五，五去五进一；

六上六，六去四进一，六上一去五进一；

七上七，七去三进一，七上二去五进一；

八上八，八去二进一，八上三去五进一；

九上九，九去一进一，九上四去五进一。

2007 年，刘洪珠算文化入选临沂市第一批非物质文化遗产名录；2016 年，入选山东省第四批非物质文化遗产名录。

二、山东集贸民俗类非物质文化遗产项目的特色

山东集贸民俗类非物质文化遗产项目展现了丰富多彩的地域特色和商业文化，具有以下几个方面的特色。

（一）集贸民俗与地域条件紧密相关

山东集贸民俗的兴起与当地的历史、政治和地理背景紧密相关。

例如，青岛里院商住民俗。

青岛里院商住民俗以青岛独特的建筑形态——里院，作为依托。而里院的兴起与青岛的地理位置紧密相连，还体现了青岛作为近代重要港口城市和多元文化交汇地的独特历史背景。里院建筑不仅是居民生活的空间，也是商业活动的重要场所，其布局、结构和装饰都蕴含着丰富的地域文化信息，展现了青岛独特的城市风貌和人文特色。

又如，安东卫商号民俗。

安东卫的地理位置极其特殊，位于山东省陆地海岸线的最南端，与江苏省相接壤，既是两省交界之处，又背山面海，地势险要，是修建边防城池的绝佳地点。安东卫是明清时期山东海防的最南端，除了是军事要地，还是一个重要的通商口岸，特殊的地理背景，使安东卫成为明清贸易的重镇之一，商业极其繁荣。

安东卫商号民俗正是建立在这一独特的背景之上才得以形成，由此可见山东集贸民俗与地域条件之间存在极其紧密的关系。

（二）民间百姓的广泛参与

任何民俗都具有群体性的特点，山东集贸民俗类非物质文化遗产项目也不例外，呈现出较强的民间参与性和多样传承特色。

例如，乡村大集。

乡村大集是乡村民众为了获得足够的生产生活用品自发组织形成的集

贸民俗。乡村大集的参与者十分广泛，既包括乡村大集所在地的常住居民，还包括走南闯北的客商们，甚至一些外地居民也参与到乡村大集贸易中来，呈现出较强的民间烟火气。

以青岛李村大集为例。

李村大集自明代即有记载，到了清代末年其规模已经相当大，甚至达到了辐射百里的规模。集市上交易的商品类型也越来越齐全，不仅有粮食、海产品、手工制品、木材、禽蛋、蔬菜、水果等本地特产，还有远道而来的柴油、棉纱、火柴、茶叶、布匹、棉花等丰富的外来商品。如果按照商品种类，李村大集内部可以划分为粮食市、布匹市、杂货市、鱼肉市、条货市、猪市等。

中华人民共和国成立后，李村大集重新进入繁盛时期。近年来，伴随着周边村镇居民生活水平的提高，人们对李村大集的商品需求产生了新的变化，除了日常用品之外，甚至出现了汽车、摩托车、木材及建筑材料等商品。尤其是临近年关，集市上除了日用品、小吃，还有鸟市、花市、灯笼市、对联市、水果市、粮食市、车市等。从针头线脑到汽车，应有尽有，丝毫不亚于综合市场。一个集日的摊位可能达到数千个甚至上万个，人流量甚至可达数万人。这种民间百姓广泛参与的乡村大集，充分彰显了民俗的群体性特点。

第三节　山东集贸民俗类非遗项目的创新发展

山东集贸民俗类非物质文化遗产项目是山东宝贵的文化资源，近年来山东各市区纷纷借助集贸民俗类非物质文化遗产项目发展旅游业，为集贸民俗类非物质文化遗产项目传承与创新发展提供了新的思路。

一、周村古商城：依托古建筑+集贸民俗发展旅游业

周村，隶属于山东省淄博市，东邻张店区，南接淄川区，西南与济南

市章丘区接壤，西北与滨州市邹平市毗邻，东北与桓台县连界，交通发达。周村是一座古城，春秋战国时期，其是孔子弟子林放的封地，也是古代齐国丝绸文化的主要传承地和货物生产基地，被誉为“丝路之源”“金周村”“旱码头”。

周村也是一座因商而兴，因商而城的城市，是鲁商的发源地，有“天下第一村”之称。唐代，周村的丝绸业已经相当发达，成为当地的经济中心。宋元时期，伴随着社会经济的进一步发展，周村城镇的雏形逐渐形成。明清时期，周村借助其优越的地理位置，逐渐发展为商业重镇，尤其是在丝绸市场占有十分重要的地位。

1904 年，周村与济南、潍县成为山东首批面向外商开放的商埠，后伴随着胶济铁路的开通，进一步促进了周村商贸市场的繁荣，也孕育了独具特色的周村古商城民俗。

（一）周村古商城的建立

周村古商城始建于 1861 年，1863 年完工，其后经过多年战乱、改造和建设，目前保留下来的古商城约为五万平方米。

1982 年，周村古商城被评选为我国首批国家历史文化名城。2000 年，周村成立“周村大街开发保护办公室”专门负责周村古商城的保护性开发建设。2002 年至 2004 年，周村古商城进行了较大规模的修复，并于 2004 年正式开放。之后，有关部门出台了《周村区旅游总体规划》《周村古商城控制性规划》《关于加快周村古商城保护开发的实施意见》等多项文件，为周村古商城的保护和开发指明了方向。

现阶段，周村古商城除对街区整体空间格局与历史风貌进行保护之外，还十分注重挖掘传统文脉，保护和传承古商城的民俗文化，成为山东独具特色的古商城旅游地。

（二）周村古商城的历史文化资源构成

周村古商城是鲁商的起源地之一，其历史文化资源中包含着鲁商文化、建筑文化以及丰富多彩的民俗文化。

1. 鲁商文化

鲁商作为我国近代五大商帮之一，在数百年的发展中与周村的商贸习俗融合在一起，形成了周村开放、包容、创新与诚信并存的商埠文化。

（1）百年老字号。鲁商在经营活动中十分注重品牌的打造，周村古商城在数百年的发展过程中诞生了一大批百年老字号，包括丝绸业的谦和祥绸缎批发庄、裕茂公绸布庄、永和丝店鸿吕义绸布店、谦祥益绸布庄；金融业的人德通、日升吕、蔚字银号、三晋源、志成信、阜祥银号、福诚义银号、益泰瑞银号；医药行业的天德堂、世泽堂、广和堂，以及百货行业的大顺玉杂货店、福东广货店、三益堂书坊、信芳园酱菜店、丰记木场等，形成了丰富的老字号民俗。

（2）鲁商精神。周村古商城的鲁商在从商过程中，受儒家文化的影响，形成了重视礼义、讲求诚信、童叟无欺、坚持货真价实、绝不以次充好、重视信誉、严于律己等精神。此外，鲁商的人事管理制度、商号管理制度以及经营方式则受到法治文化的影响，形成了独特的商号管理民俗。

2. 建筑文化

周村古商城中包含大量古建筑，如周村古商业街、顺河街古建筑群、周村古城墙、瑞蚨祥旧址、隆兴帽庄旧址、裕茂栈旧址等，这些古建筑的细节之处（如建筑纹样、装饰风格等）蕴含丰富的传统文化。

3. 民俗文化

周村古商城作为地域经济重镇不可避免地形成了集市，而周村集市不仅是商业贸易的场所，也是人们交际与交流的重要场所，保留着丰富多彩的商贸民俗。

例如，周村古商城中存在大量老字号，包括聚乐村饭店、周村烧饼、亨得利、宏仁堂、盛锡福、瑞蚨祥、谦祥益、顺兴楼、春和楼、聚福楼、天真照相馆、鸿新照相馆、万宝金楼、国货公司、山东大戏院、福生德茶庄等，涵盖了餐饮、丝绸、百货、医药等多个领域。

这些老字号不仅代表了传统手工艺和商业智慧的结晶，还承载着丰富的民俗风情和地方特色，如传统工艺、独特的经营之道等，是周村古商城集贸民俗的精髓。

（三）周村古商城保护与开发形式

近年来，周村古商城的保护与开发取得了较大成就。周村古商城建筑一直遵循着“修旧如旧”的原则，在对古商城进行保护的同时，还充分利用历史文化资源打造了周村古商城文化旅游品牌。

1. 构建特色旅游场馆

周村古商城内建设了五家特色旅游场馆，分别为周村烧饼博物馆、票证展览馆、民俗展览馆、老电影博物馆、锦灰堆艺术馆。其中，民俗展览馆用图文并茂的方式展现了包括集贸民俗、表演民俗、人生礼仪民俗在内的一系列非物质传统民俗。

2. 周村古商城研学游项目

周村古商城研学游项目包括古商城的有形文化和无形的民俗，集安全性、教育性、知识性和娱乐性于一体，涵盖染坊织布技艺——扎染体验、传统手工缫丝、冰染植物拓染、蚕茧画、古代银行的密码——防解密押、锦灰堆、周村烧饼制作状元府射艺、投壶、开笔礼等项目，涉及丝绸文化、商业文化、非物质文化遗产文化和传统文化等各个方面，形成了丰富的研学旅游线路。

除此之外，为了吸引年轻群体、家庭群体，周村古商城还研发了周村大富翁的情景杀项目、亲子研学项目，为不同群体的游客提供古商城商业文化的沉浸式、互动性旅游体验。

3. 打造“周村民俗过大年”“端午游园会”品牌

周村古商城自 2007 年开始打造“周村民俗过大年”品牌活动，充分调动周村古商城的物质文化资源或非物质文化资源，借助春节习俗，将古商城中的历史名人、商业文化和节庆民俗、集贸民俗文化结合起来，打造了一系列年俗活动。

此外，周村古商城还推出了端午游园会活动，结合端午节庆民俗，打造各种沉浸式游玩项目。

二、青岛里院：借助老街区+民俗推动城市旅游

青岛里院作为青岛近代独特的集贸场所，其建筑格局极其特殊，蕴含丰富的集贸民俗。青岛里院呈“口”“日”“目”“回”“凸”等几何形结构，从功能上分为“里”和“院”两种结构，“里”为沿街商铺，其功能主要用于经商；“院”的功能则为日常居住。

青岛里院特殊的建筑结构，赋予了其丰富的文化内涵。其不仅是近代经商场所，还是青岛方言民俗、饮食民俗、集贸民俗的载体。近年来，青岛市有关部门借青岛里院丰富的文化内涵，推动城市旅游取得了一定的成效。

（一）大鲍岛旅游休闲街区

大鲍岛旅游休闲街区位于中山路、沧口路、聊城路、禹城路和四方路围合区域，占地4.2万平方米，总建筑面积约10万平方米，是青岛特色建筑“里院”聚集的区域，可利用空间18里79院。

迄今为止，大鲍岛旅游休闲街区已入选第二批山东省旅游休闲街区名单、第三批国家级旅游休闲街区名单，形成了“日逛”+“夜游”的全天候旅游休闲目的地，打造了城市旅游的新样本。

其中，大鲍岛以胶州路为界，街区南片区以“日逛”为主，包含洛川家美术馆、岚曦社、荷田水铺等博物展览、摄影艺术、网红餐饮等业态；街区北片区以“夜游”为主，包含青岛小馆、港荔臻味、东坡酒楼等10家新商户，品质宴请、音乐酒吧、特色民宿等与夜经济相关的产业。

整个大鲍岛旅游休闲街区的商业形态涉及餐饮领域、住宿领域、文创领域，其中餐饮领域包括青岛小馆、1903青岛酒馆MIX·淘醉里院、口啖·青岛gala公司可以满足家庭聚餐、网红打卡的用餐需求，也有荷田水铺、哈霓风车等饮品及甜品店满足消费者社交、休闲需求；住宿领域包括新

寓、世御酒店，可以满足家庭、商务不同客群的需要；文创产品领域包括国货青岛 & 做咖啡的服装店、建房所打造的产品，让消费者把“青岛记忆”带回家，也扩大了青岛的知名度。

除此之外，大鲍岛旅游休闲街区还借助各种民俗活动，打造各种主题旅游节。如 2023 年以来，大鲍岛已经策划举办了以寻年味 · 大鲍岛年货大集暨新春民俗文化节、“春天里 · 拥鲍你”城市文化艺术节、“逛鲍岛畅嗨啤”大鲍岛 · 即墨路首届海鲜啤酒节等为代表的 80 余场活动，以节庆活动为媒，促进市民、游客与街区的互动，助力青岛城市旅游品牌不断创新与发展。

（二）中山路片区打造城市文化新坐标

中山路片区指以中山路为主干道的周边地区，包括天津路、肥城路、黄岛路、四方路、湖北路、湖南路等横纵十几条路，它们共同形成中山路片区。中山路片区保存着多处青岛特色传统里院建筑，是青岛特殊历史时期商埠口岸历史与文化信息、里院集贸民俗的重要载体之一。中山路街景如图 5 - 1 所示。

图 5 - 1　中山路街景

百年前，中山路片区一带聚集着大量聚集洋行、高端酒店、银行等机构，比较著名的有德士古洋行、哈利洋行、礼和洋行、瑞记洋行、顺和洋行、胶州旅馆、火车站饭店、海因里希亲王饭店、青岛俱乐部、德华银行、山东铁路公司、山东矿业公司、汉堡——美洲航运公司等，此外还有大量服装、鞋帽、食品、眼镜、药店等众多零售行业。

近年来，中山路片区借助里院的保护与创新，打造了“老青岛·上街里”品牌，成为里院文化展示地以及年轻游客潮趣打卡热门地、旅游和体验式文化聚集地，成为青岛的城市文化新坐标。

第六章　山东饮食民俗类非遗项目的传承与创新

第一节　饮食民俗概述

饮食民俗，又叫食俗、食风，是不同国家、民族的劳动人民根据不同的地理环境、气候、物产、经济、信仰等因素，逐渐在食物的加工、制作、食用过程中形成的风俗习俗和礼仪。

一、饮食民俗的类型

饮食民俗根据食物加工、制作和食用方法可以划分为日常食俗、节庆食俗、人生礼仪食俗、待客食俗等类型。

（一）日常食俗

日常食俗指人们在日常生活中饮食习俗，包括餐制、餐具与食具、家常食品等。

以山东日常食俗为例。

山东民间实行一日三餐制，早餐通常称为“头晌饭”“早起饭”，干稀结合，以青菜、咸菜等佐食；午餐称为“晌饭”“晌午饭”，是民间十分有重视的一餐，通常以主食、炒菜、汤肴为主；晚餐称为“后晌饭”

"黑夜饭"，通常较午餐简单。

常见的餐具有铁锅、石磨、瓷制餐具等，家常食品多为煎饼、饼子、窝窝头、地瓜、玉米、馒头、锅饼和火烧、面条等。各地饮食稍有不同，总体来看，家常食品多为就地取材，食物朴实而具有较强的地域特色。用餐时通常先盛给老人，其他人再食用。

（二）节庆食俗

节庆食俗是指在各种节日或庆典活动中，人们为了庆祝或纪念而特别准备的饮食习俗。这些食俗往往与节日的意义、历史背景或地方特色紧密相连。例如，春节期间的饺子、年糕，象征着团圆和年年高升；中秋节的月饼，则寓意着团圆和美满；端午节的粽子，不仅是为了纪念屈原，也是夏季的特殊饮食。

（三）人生礼仪食俗

人生礼仪食俗是指在人的一生中，与重要的人生阶段或事件相关的饮食习俗。以此来表达对生命、成长、婚姻、寿诞、死亡等人生大事的尊重和祝福。例如，婴儿诞生时的满月酒，标志着新生命的到来和家族的延续；婚礼宴席，是庆祝男女双方迈入人生新阶段的重要仪式；寿诞时的长寿面表达对过寿人平安健康的祝福；而丧礼上的特定食物，则是对逝者的缅怀和哀悼。

（四）待客食俗

待客体现了中华民族热情好客的传统美德。在待客过程中，主家通常根据客人的身份、地位、关系以及当地的饮食习惯来准备相应的食物和饮品。这不仅是一种物质上的款待，更是一种精神上的尊重和关怀。

以山东待客食俗为例。

主家得知客人将于某日来做客时，会提前打扫卫生，安排符合客人饮食习俗、能够体现地方特色的饮食。为了体现主家对客人的尊重，有时主家还会邀请邻居或亲朋陪客，在待客时还会涉及一系列用餐礼仪。

二、饮食民俗的特征

饮食民俗具有民族性、地域性、历史性和传承性的主要特征。

（一）民族性

饮食民俗的民族性体现在不同民族在饮食上的独特习俗和口味偏好。

以山东为例。

山东作为汉族的主要聚居地，其饮食文化深受儒家思想影响，饮食大多注重食物本身的原汁原味，注重饮食平和、中正，追求食物与精神的和谐统一，不过分追求刺激。这种平和、中正的饮食观念与儒家思想所倡导的和谐、平衡不谋而合。

儒家文化重视礼仪，这种传统也深深影响了山东的饮食习俗。在山东，用餐，尤其是待客宴饮不仅仅是为了满足口腹之欲，更是一种社交活动，需要遵循一定的礼仪规范。例如，座次的安排、餐具的使用、进食的顺序等都有严格的规定，体现了对长辈和客人的尊重。

（二）地域性

不同地域的物产不同，形成了丰富多彩的地域性饮食习惯。

以山东为例。

山东地域辽阔，地形多样，从鲁中及黄河下游的平原到胶东沿海的渔区，再到鲁南及鲁西南的丘陵和平原，不同的地理环境和自然资源孕育了各具特色的饮食文化。

济南是山东省的省会，饮食文化丰富多彩，以汤菜为一大特色。葱烧海参、棒子鱼、油爆鱼芹、清烧元鱼、醋椒鱼、奶汤核桃肉、汤爆肚头等均为其代表性菜肴。

烟台位于山东半岛东部，素有“海滨城市”之称，拥有丰富的海鲜资源。饮食民俗以海鲜为主要特色，如金宝烤蛤、海鲜大咖、海鲜饺子等。

淄博则以独特的特产和小吃闻名，如周村烧饼等。潍坊人的一日三餐早餐，多以火烧为主，馅料也不局限于肉馅，还有豆腐、辣椒、海带等，口感独特。枣庄的菜煎饼和羊肉汤别有一番风味。泰安有干炸赤鳞鱼、清氽赤鳞鱼、州城精鱼、霸王别姬、泰山桂圆、三美豆腐、炸豆腐丸子等。聊城地方名菜有糖酥鱼、清蒸白鱼、涮羊肉、空心琉璃丸子、莘县荸荠丸子等。

（三）历史性和传承性

饮食民俗具有特定的时代性和历史性特征。在特殊的历史时期，受食材的种类、烹饪技艺等因素的影响，饮食民俗可能会呈现出较大的差异性。因此某一国家或民族的饮食民俗中也带有该国家或民族深刻的历史记忆和传承。

以鲁菜为例。

山东鲁菜历史悠久，可以追溯至春秋战国时期，到了南北朝时期得到迅速发展，元明清时期，成为我国八大菜系之一。其食材选择常以畜禽、海产、蔬菜，善用爆、熘、扒、烤、锅、拔丝、蜜汁等烹调方法，偏重于酱、葱、蒜调味，善用清汤、奶汤增鲜，口味咸鲜。

此外，饮食民俗的传承性体现在世代相传的烹饪技艺和饮食习惯上。

以山东孔府菜为例。

孔府菜历史悠久，是孔子后裔在长期的生活实践中形成的一种独具特色的官府菜系。在传承过程中，不仅吸收了各地美食的精华，更秉持了孔子“食不厌精，脍不厌细”的饮食观念，形成了色、香、味、形、器、意独具一格的菜系与独特的用餐礼仪。

第二节 山东饮食民俗类非遗项目类型与特色

山东省以美食闻名于世，饮食民俗丰富多彩。山东省市级以上饮食民俗类非物质文化遗产项目的类型及特色如下。

一、山东饮食民俗类非物质文化遗产项目类型

山东饮食民俗类非物质文化遗产项目十分丰富，仅市级以上饮食民俗就有数十个（见表6－1），可以划分为以下三种类型。

表6－1　山东省市级以上饮食民俗类非物质文化遗产项目一览表

城市	项目	申报单位/申报地区
青岛市	莱芜八顶八宴席	莱芜区
	柳埠媳妇宴	南山区
	崂山鲅鱼礼俗	崂山区
	即墨黄酒封坛仪式	即墨区
	崂山茶艺礼俗	崂山区
淄博市	聚乐村四四席	博山区
	田横家宴	高青县
烟台市	鲁菜烹饪技艺	烟台市福山烹饪协会
	鲁菜烹饪技艺	烟台市烹饪餐饮行业协会
	莱阳豆面灯碗习俗	莱阳市文化艺术中心
	胶东花饽饽习俗	烟台市文化馆
	胶东花饽饽习俗	栖霞市文化馆
	胶东花饽饽习俗	牟平区文化馆
	胶东花饽饽习俗	莱州市昭泰食品有限公司
	胶东花饽饽习俗	莱山区文化馆
	莱山区文化馆（招远花饽饽习俗）	招远市艺晟园花饽饽食品有限公司
	莱山区文化馆（黄县花饽饽习俗）	龙口市文化艺术中心
	莱山区文化馆（海阳花饽饽习俗）	烟台市玫豆手工面食有限公司
	莱山区文化馆（蓬莱花饽饽习俗）	烟台市蓬莱区冠亚面食店
	莱山区文化馆（莱阳花饽饽习俗）	莱阳市文化艺术中心

续表

城市	项目	申报单位/申报地区
威海市	荣成海带食俗	荣成市
日照市	岚山头煎饼	岚山头街道
	碑廓锅饼	碑廓镇
	东莞李氏熏肉	东莞镇政府
	许孟烧烤	五莲县文化馆
	涛雒羊肉面	涛雒镇文化站
	五莲煎饼	五莲县文化馆
	五莲豆腐	五莲县文化馆
	日照八大碗民俗宴席	日照市文化馆（日照市非物质文化遗产保护中心）
	樗椤叶粽子饮食习惯	日照市文化馆（日照市非物质文化遗产保护中心）
泰安市	宁阳四八宴席与酒礼	宁阳县文化馆
	开口笑水饺	肥城非物质文化遗产保护协会
	泰山豆腐宴食俗（豆腐传统制作技艺）	泰安市泰山东岳豆腐宴研究院
	泰山八赶八筵席	泰安市传统食品协会
	泰山十全席	市直
	泰山祈福喜馍馍习俗	泰山区
	泰安老四样	岱岳区
	泰山茶道	岱岳区
	刘氏“吃喝碗”	东平县
	泰山四八宴民俗	市直
济宁市	孔府菜烹饪技艺	曲阜市
	孔府家酒酿造技艺	曲阜市
	玉堂酿造技艺	济宁市文化局
	微山湖漂汤鱼丸	微山县
	桂花炒糖	微山县
	托板豆腐	任城区

续表

城市	项目	申报单位/申报地区
临沂	蒙山喜宴	平邑县
	燕翼堂八八宴席	蒙阴县
济南	碧筒饮	济南天下第一泉风景区管理中心
	柳埠媳妇宴	南山区

（一）宴席礼俗类

这类饮食民俗是指在特定场合（如婚礼、庆典、节日等）举行的、具有一定仪式感和规格的宴席活动。其中往往融合了当地的饮食文化、礼仪传统和社交习俗。

1. 莱芜八顶八宴席

莱芜八顶八宴席，是当地人的传统饮食礼俗，可细分为八顶八大宴席、八顶八小宴席和亓家小宴三种类型。其中，八顶八大宴规格最高，共计六十四个菜，主要包括八个果碟，再上八个炒碟，再上八个大菜，八个热肉菜，八个鱼，八个汤，八个青菜，八种主食，开宴时间较长，往往会吃上一整天。餐桌通常为八仙桌，寓意四平八稳，八方如意等。

莱芜八顶八宴席不仅是一种特色饮食，其制作过程也十分复杂，讲究“七礼八诚”。由于宴席的菜品众多，做法考究，费时费力，通常只在重大节日时制作，平时难得一见，却体现了当地百姓对待亲朋好友的虔诚心意。

2. 聚乐村四四席

聚乐村是山东博山的老字号饭庄，其创制的“四四席”，包括四拼盘、四行件、四大件、四饭菜计十六道菜，供八人食用。除了四拼盘外，其他菜品通常运用炒、炸、溜、氽、蒸、琉璃、炝、烩等形式制作而成。

四四席不仅菜品独特，座位礼仪、上菜礼仪也十分讲究。一般来说，四四席通常用于婚宴或其他正式场合，以彰显对客人的尊重。

3. 宁阳四八宴席与酒礼

泰安宁阳县的传统宴席形式，融合了饮食与礼仪的双重文化。宁阳“四八”宴席及酒礼历史悠久，至今已有2000余年的历史。

所谓“四八”蕴含着“四红四喜、八方来财、四平八稳”的美好寓意，同时也是宴席的一种特殊的菜馔计量方式。宁阳四八宴席与酒礼所用的菜馔包括大碗、小碗、大盘、小盘四种类型，每种类型盛器各上四个菜，整个宴席为八碗八盘，另外有八小碟、两大件、四饭碗，总菜品通常为三十二个菜馔。除此之外，根据菜品和菜量的差异，宁阳四八宴席与酒礼又可细分为“粉四八”“参四八”等多种类型。

除饮食本身外，宁阳四八宴席与酒礼还包括上菜顺序、主客饮宴中的礼俗等，集礼仪性、交际性、科学性和艺术性于一体，内涵十分丰富。

4. 泰山八赶八簉席、泰山十全席、泰安老四样、泰山四八宴民俗、泰山豆腐宴食俗（豆腐传统制作技艺）

这些饮食民俗类非物质文化遗产项目均属于泰安地区围绕泰山文化形成的特色宴席和食俗。

以泰山八赶八簉席为例。

泰山八和赶八簉席的室内摆设、餐位摆桌、宾客席位、菜品及制作方法均有严格的规定。

宴席一般在宴客人家的厅堂开设，室内设八仙桌、太师椅和条凳，周围摆放座钟、花瓶、镜子，取“终生平静”之意。餐桌上的每一盘、每一碟如何摆放、撤下都有明确的礼俗。宴客时主人与宾客按一定的座次入座。菜品则包括八个什果、四个压桌、八个凉菜、八个行菜、八个汤菜、八个大碗菜、八个大件以及四个调味菜。

此外，食材包括新鲜的鸡、鱼、肉、山珍、海味以及多样的蔬菜。调味上将酸、甜、苦、辣、咸各种口味融为一体，制作方法上兼具煎、炸、煮、焖，各种烹调技法，形状上块、条、丁、丝齐全。整个宴席过程中伴随着各种礼俗，极其隆重、精彩。

5. 柳埠媳妇宴、蒙山喜宴、燕翼堂八八宴席

这三种饮食礼仪均为以喜庆为主题的宴席文化。

以柳埠媳妇宴为例。

柳埠媳妇宴，又叫结婚宴，反映了济南南山区婚嫁习俗中的宴席文化。一般为当地人结婚时的饮食礼俗。包括四干、四鲜、四酱、四大件、四大碗、四凉、四热、四汤、四腰盘和媳妇汤。其中，媳妇汤要有酸、甜、苦、辣、咸五种口味，寓意让新过门的儿媳妇做好开始新生活的准备。

整个媳妇宴共三十七道菜，食材新鲜、做法复杂，上齐菜之后，桌子上的盘盘碗碗能摞三层，体现了典型的乡土饮食风俗。

6. 崂山鲅鱼礼俗

该饮食习俗起源于一个美丽的传说。

相传古代有位孤儿被一位老人收养，长大后迎娶了老人的女儿，成为救命恩人的女婿。有一年春天，老人病倒了，想吃鲜鱼。可惜天公不作美，海面上大风大浪，渔民们都不敢出海。孤儿为了满足老人的心愿，冒险出发，终于捕回了鲜鱼。可惜老人已经去世了。此后，小两口每逢春天都会用新捕的鲜鱼祭祀老人。

久而久之，青岛、崂山一带就流行起独特的鲅鱼礼俗。俗话说“鲅鱼跳，丈人笑”，每年春天，谷雨过后，青岛、崂山一带的女婿就会采买新上市的鲅鱼送给岳父母以示孝敬。

7. 日照八大碗民俗宴席

该饮食民俗，是日照地区传统的宴席规格和菜肴组合。这里的八大碗指的是以海鲜菜品为主的八种特色菜，具体包括乔记鱼汤、鱼贝满仓、船家功夫、双贡呈祥、乌龙戏水、浴火凤凰、虾兵蟹将、婆媳鱼圆。

这八大菜品融合了鲁菜、胶东菜和沿海居民以海鲜作为主要食材的传统习俗，寓意吉祥、美好，彰显了沿海居民的饮食偏好和热情好客的民风。

（二）地方特色食品及制作技艺类

这类饮食民俗具有地方特色的食品种类及其独特的制作工艺和技术。

其往往与当地的地理环境、气候条件、历史文化等因素密切相关。

1. 即墨黄酒封坛仪式

这种饮食民俗展示了即墨黄酒的独特制作工艺和封坛传统。

山东青岛市的即墨自古以来就有酿造黄酒的传统，其黄酒酿造史可以追溯至战国时期。经过数千年的传承，即墨的黄酒酿造技艺更加成熟，并形成了一套独特的黄酒封坛仪式。其既彰显了即墨黄酒的传统酿造技艺，又与我国的祈福文化与孝德文化融为一体。

2. 崂山茶艺礼俗

该饮食礼俗是一种民间茶文化与道教茶艺、宫廷茶礼表演的融合。其内容包含布具、净手、赏茶、洗杯、候汤、煮茶、奉茶（敬茶）等多个步骤，整个过程将传统文化、道家养生、道德教化有机结合，同时融茶文化、舞蹈和音乐于一体，具有较高的文化价值、艺术价值和社会价值。

3. 鲁菜烹饪技艺

鲁茶是山东菜的简称，起源于春秋战国时的齐国和鲁国，形成于秦汉，成熟于宋代，是我国八大菜系之一。在数千年的发展和传承过程中，鲁菜形成了沿海胶东菜（以海鲜为主）、内陆济南菜，及自成体系的孔府菜三个分支。

从总体上来看，鲁菜烹饪制作过程中讲究刀工、火候、烹制和调味，擅长使用拌、炝、腌、冻、酱、烤、熏、酥、炸、熘、爆、炒、烹、烧、扒、炖、焖、熬、煮、氽、烩、蒸、煎、烤、拔丝、琉璃、挂霜、蜜汁、蜜腊等数十类等烹制手法，用葱、姜、蒜和芫荽等进行调味，尤其精于高汤的制作。风味以咸鲜为主，色香味俱全，令人赏心悦目。

4. 槲椤叶粽子饮食习惯

该饮食民俗是山东日照一带的端午饮食民俗。

槲椤叶是山东日照一带槲椤树的叶子，其叶大可食用，日照五莲山、九仙山一带的百姓通常用其来包粽子。

每年农历五月初五前夕，生活在日照五莲山、九仙山一带的百姓便会上山采集槲椤叶，准备制作粽子的原材料。五月初一洗粽叶，初二至初四包粽子、煮粽子，初五吃粽子，初六穿新衣，扎五彩绳，戴香包，走亲访友送粽子。

除了这些传统习俗外，椁椤叶粽子饮食习惯还包含了相关的历史传说、家风家训等，内涵丰富，极具特色。

5. 微山湖漂汤鱼丸

该饮食民俗是山东省济宁市微山县一带的特色饮食民俗。微山县境内多湖泊，有微山湖、昭阳湖、独山湖、南阳湖，渔业发达。微山湖漂汤鱼丸是一道渔家菜。

传说，秦始皇爱吃鱼，却十分讨厌鱼刺。有一次，厨师做鱼时，用刀背将鱼砸烂，剔除鱼刺，把鱼肉做成丸子盛在汤里，博得了秦始皇的喜爱，微山湖漂汤鱼丸也因此流传下来。

微山湖漂汤鱼丸用鲜鱼制作而成，完成后鱼丸如同一颗颗白色的珍珠漂浮在汤面上，加以蒜苗、香菜进行点缀，有一香、二嫩、三软、四漂之说，色香味俱佳。除食物本身之外，还有丰富的选鱼、制作、食用风俗，内涵极其丰富。

（三）饮品及茶艺类

这类饮食民俗与饮品（如茶、酒、饮料等）相关的文化、制作技艺和饮用习俗，通常与特定的饮品类型或茶艺文化紧密相连。

以碧筒饮为例。

碧筒饮，是指采摘刚刚冒出水面的新鲜荷叶，用工具将叶心和叶茎的连接处刺破，让两者相通。然后将饮品盛在荷叶里，在荷叶茎一端饮用。这样的饮品除了本身的口感外，还兼有荷叶的清香，味道极其独特。

碧筒饮的历史十分悠久，最早可以追溯到魏晋时期，流传开来后，受到文人士大夫阶层的喜爱，济南历代名士纷纷赋诗、作文，吟诵碧筒饮的天然之趣。久而久之，碧筒饮成为济南夏天特有的一种饮食习俗，体现了济南独特的地方饮品文化。

二、山东饮食民俗类非物质文化遗产项目特色

山东饮食民俗类非物质文化遗产项目不仅丰富多彩，还具有许多特色。

（一）选材考究，制作精细

山东地处黄河下游，海岸线绵长，物产丰富，这为山东饮食提供了得天独厚的条件。山东饮食民俗类非物质文化遗产项目在食材选择上极为讲究，注重食材的新鲜、季节性。

例如，碧筒饮就是一种典型的季节性饮食风俗，其所使用的工具为夏季特有的植物——荷花的叶与柄，更以新生长的、尚且卷拢未展开的荷叶为宜。取其荷香与清凉以解暑。

又如，崂山鲅鱼礼俗也具有较强的季节性。

鲅鱼，有春鲅鱼和秋鲅鱼之分。其中，春鲅鱼的肉质较为细腻、紧实，坚硬，不易松散，味道比秋鲅鱼更加鲜美。因此，青岛、崂山等地的鲅鱼礼俗，通常选用春天的鲅鱼。尤其是清明前后，鲅鱼经历了冬季的休养，体内积蓄了大量富含营养的脂肪，十分肥美。

清明、谷雨前后正是鲅鱼大批洄游至近海海域产卵的时期，这也为春鲅鱼的捕捞和食用提供了基础。此外，鲅鱼还是一种对海水依赖性较高的海鲜，捕捞离开海水后，必须尽快食用，否则其鲜美的口感就会大打折扣。这些因素都决定了崂山鲅鱼礼俗具有较强的季节性，注重食材的新鲜。

再如，椁椤叶粽子饮食习惯也十分注重食材的新鲜和季节性。

椁椤叶是一种可食用树叶，带有一种独特的清香气，其外观通常是椭圆形或长椭圆形，边缘有锯齿，山东一带的人民通常会用它来制作美食。而椁椤叶粽子饮食习惯属于端午节的特殊食俗。在制作椤叶粽子时，需要采摘新鲜的椁椤叶树叶进行制作。

除选材之外，山东饮食风俗还在烹饪技艺上追求极致。

山东饮食民俗类非物质文化遗产项目中所涉及的许多菜品，其制作步骤、方法十分复杂，需要经过多道工序、精细加工而成。

以微山湖漂汤鱼丸为例。

微山湖漂汤鱼丸选用微山中生长的野生鲜鱼进行制作，其做法看似简单，只需要将鲜鱼收拾干净后，剔除皮骨，只剩净肉，再将净肉剁成鱼茸，做成鱼丸即可。然而，仅仅是将鱼肉剁成鱼茸的这个步骤，就十分耗时。一般来说，这一步骤，全靠厨师手工完成，通常需要经过连续几小时反复切剁才能完成。

又以宁阳四八宴席与酒礼为例。

宁阳四八宴席与酒礼的菜品丰富，大体可以划分为“粉四八”“参四八”两种类型。其中头菜如果用洋粉（琼脂）做成，就称为“粉四八”，例如，洋粉鸡丝。头菜如果用海参做成，就称为“参四八”，如海参鸡丝。

这两道菜所用的鸡丝处理时，需要先煮，再撕，再炒，每个环节都十分复杂。

此外，每道菜品从食材的选择、初步处理到烹饪过程中的火候掌握、调味品的搭配，再到最后的装盘造型，每一步都蕴含着匠人的心血与智慧，体现了山东饮食文化的精湛技艺和独特韵味。

（二）地域特色鲜明

山东的地理位置十分优越，境内既有广阔的平原腹地，又有高山大河，还毗邻海洋，拥有绵长的海岸线。独特的地理位置，为山东人民提供了丰富的食材。纵观山东饮食民俗类非物质文化遗产项目，均具有鲜明的地域特色。

例如，沿海地区以海鲜为主打，擅长烹制各种鱼类、贝类及海产品，口味清淡而鲜美；内陆地区则更侧重于面食和畜肉制品，口感醇厚，风味独特。这种地域性的差异使得山东饮食民俗类非物质文化遗产项目更加丰富多彩，各具特色。

而不同地区的非物质文化遗产项目往往反映了当地独特的地理环境和人文历史。

以泰山豆腐宴为例。

泰山豆腐宴的食材——豆腐，是选用泰山泉水和大豆为原料，经过磨浆、滤浆、煮浆、点浆、盛浆、压型等步骤，配以泰山泉水制作而成。泰山大豆富含营养，山泉水从泰山岩体裂隙中流出，水质具有低矿化度、低钠、多硅、多稀有元素的特点，制作出来的豆腐成品色白如玉，体现了泰山地区特有的地域风味。此外，泰山豆腐宴还是整个泰山文化的重要组成部分，其以泰山自古以来形成的封禅文化作为依托，又融入了泰山民间特有的传说。

又以泰安老四样为例。

泰安老四样是泰安当地的家庭传统菜，也是招待客人时的必备菜。食材并不复杂，只有四种——花生米、豆腐皮、小鲜鱼、泰山柴鸡，这四种食材均是泰山当地出产的，取材自然，透着一种浓郁的本土文化和地域特色。

（三）突出礼俗

山东自古以来就是礼仪之邦，山东饮食民俗类非物质文化遗产项目在传承过程中，往往融入了丰富的礼俗元素，体现了当地人对礼仪、尊老、爱幼等传统美德的重视。

以宁阳四八宴席与酒礼为例。

其不仅菜品丰富，整个宴席过程中还包括各种礼俗。

上菜前，主人要为客人准备好温水、肥皂、毛巾等盥洗用品，客人洗手后方才可以到餐桌前落座。

上菜时也要按照一定的程序，通常来说，宁阳四八宴席与酒礼有八道上菜程序（见表6－2）。

表 6-2　宁阳四八宴席与酒礼的上菜程序一览表

程序	名称	菜品
第一道程序	12 道压桌碟	4 菜碟，有猪肚、猪耳、猪心、松花蛋等； 4 果碟有沾果、冰糖仁等； 4 干果有菠萝、香蕉、大杏仁、腰果等
第二道程序	四大碗	带有粉头或参头的鸡丝、半口咸半口甜的瓦块鱼、清水丸子（或四喜丸子）、百叶肉等
第三道程序	两大件	清蒸整鸡、糖醋整鱼
第四道程序	上四小碗	滑肉丝（或滑丸子）、滑肉片、鱼棒、拔丝
第五道程序	中间饭/腰中饭	点心（芝麻片或细粉糕等）、汤（海米、银耳、紫菜汤）
第六道程序	四盘菜	玛瑙葡萄、热带炸果、清枣、橘子（或柿子）
第七道程序	四大碗	清淡口味的鸡丝、肘子、鹌鹑蛋、海米白菜
第八道程序	面食	视情况而定

宴席开场之前，主客需要按照一定的座次进行落座。主人需要表达对客人的欢迎，席间每上一道菜肴，都要靠近主客，撤换下来的菜则要靠近主人。凡是在宴席上端上餐桌的菜肴不能撤回，也不能把碟子和碗摞起来。此外，大件整鱼和整鸡的摆放也十分讲究。席间的餐具使用、敬酒礼仪等都有严格的规定，体现了对长辈、客人的尊敬与热情。

这些礼俗不仅增添了饮食文化的趣味性，也强化了人与人之间的情感联系和社会认同。

又如，莱芜八顶八宴席，讲究“七礼八诚”。其中“七礼”为预亲、择团、工配、上灶、出圆、打礼、功诚；“八诚”则为念诚、心诚、意诚、食诚、材诚、工诚、礼诚、客诚。整个宴席彰显了主人以诚待客的真情真意。

第三节　山东饮食民俗类非遗项目的创新发展

山东物产丰富，饮食民俗丰富多彩。近年来，山东省依托饮食民俗类非物质文化遗产项目的保护与创新，大力发展旅游业，取得了一定的成效。

一、借饮食民俗打造城市 IP

饮食民俗作为民俗文化中极具生命力的部分，具有较强的地域性、历史性、传承性等特征，在发展旅游业中起着极其重要的作用。

（一）培育孔府品牌

2022 年，山东省文化和旅游厅印发了《关于进一步加强非物质文化遗产保护工作的若干措施》，其中指出要打造山东非物质文化遗产保护特色品牌。

孔府菜制作技艺作为山东重要的饮食习俗，成为打造孔府品牌的着力点。其中指出：深入挖掘以“孔府菜”为重点的非物质文化遗产资源，研发仿制孔府餐具，创新推广孔府菜品、孔府糕点，培养一批“孔府菜”名厨，推动建立“孔府菜”展览馆，设立“孔府美食文化节”，打造“用孔府餐具、吃孔府家宴、喝孔府家酒、品孔府文化”品牌。推动“祭孔大典”列入人类非物质文化遗产代表作名录。

其中，孔府美食文化节作为美食特色节庆文化，一方面能够加强业内对孔府菜的研讨与传承，另一方面能够借助美食打造特色城市 IP，拉动曲阜、济宁等地的旅游业。

（二）青岛国际啤酒节

青岛国际啤酒节始创于 1991 年，是融旅游、文化、体育、经贸于一体的国家级大型节庆活动，也是亚洲影响力较大的啤酒盛会。

经过数十年的发展，青岛国际啤酒节的发展已经十分成熟，包含丰富的节庆内容，成功地打造了青岛国际啤酒之都的超级城市 IP。

以 2024 年青岛国际啤酒节为例。

2024 年青岛国际啤酒节设置了西海岸、崂山两个会场。其中，西海岸会场金沙滩啤酒城设置了七个区域，分别为星光大道区、啤酒大蓬区、广场游乐区、休闲美食区、时尚潮流区、啤文博览区、中心舞台区。崂山会场以“一起走过 30 年”为主题，设置了集中品饮区、商务品饮区、品牌啤酒品饮区、海潮市集和潮玩街区等五大功能分区，每个区均设置了丰富多彩的节目，还与崂山风景区双向互动，打造了“白天游崂山，晚上‘哈啤酒’”的旅游新风尚。

除此之外，啤酒节期间，啤酒美食种类突破了 2000 种款；文体活动则包括开闭幕式、酒秀主题演出、啤酒欢乐女神、酒王争霸赛、艺术巡游，还引入了音乐演出、体育竞演、全民数字运动会、潮玩街区、热气球表演等 2000 余场活动。为消费者提供多元消费场景和深层价值情绪体验，极大地提升了消费者的参与度。此外，啤酒节期间，青岛有关部门还与多个国家或地区的啤酒厂商进行了合作与交流，进一步树立了青岛国际啤酒之都的形象。

二、借地方食俗创新文旅融合路径

地方饮食民俗是地域文化的重要组成部分，承载着丰富的历史、民俗和地域特色。通过挖掘和展示地方食俗，可以让游客在品尝美食的同时，深入了解当地的文化背景和历史传承，创新旅游发展路径。

（一）老字号 + 旅游

老字号是传统集贸民俗的重要内容。2024 年山东省人民政府新闻办公室发表声明，未来将把老字号作为商务领域落实旅游强省建设的重点方向，具体包括四项工作。

1. 开展老字号集聚区的建设和认定

先后认定周村古商城、青岛中山路、东阿阿胶城、台儿庄古城、青州古城、董子文化街等旅游景区为省级老字号集聚区，招募省内外老字号入驻满足人们品质旅游商品消费需求。

2. 支持老字号与博物馆融合发展

在全国率先推动博物馆与老字号商文旅融合发展，全省建成开放老字号博物馆 65 家，研制数以千计国潮文创产品。21 家老字号博物馆被纳入政府推荐精品旅游路线，30 余家开设非物质文化遗产体验项目，丰富我省旅游业态。

3. 打造老字号文化体验馆新业态

在山东博物馆和滕州市博物馆开设山东老字号暨非遗文化体验馆。通过“博物馆 + 老字号 + 非遗”沉浸式体验让馆藏“活”起来，文创产品让观众“带”老字号回家，研学让非遗“传下去”。截至 2023 年底，体验馆接待海内外游客超百万人次。

4. 推出老字号品牌旅游产品

东阿阿胶为方便人们养生推出花简龄复合阿胶粉、轻养生零食桃花姬和与奈雪联名的阿胶奶茶；德州扒鸡推出鲁小吉打年轻牌、网红牌、文创牌；野风酥推出“印象济南”“一盒山东”“山东有礼”等文创礼盒，在景区、高铁站、高速服务区等旅游集散地满足游客的购物需求。

（二）借美食地图开启跨界融合

山东省聊城市历史悠久，紧临黄河和京杭大运河，是黄河和京杭大运河交汇孕育的一座历史名城，被誉为“江北水城 · 两河明珠”。聊城境内非物质文化遗产众多，除了传统民俗之外，还有多项消费习俗入选聊城市级非物质文化遗产项目（见表 6 – 3）。

表 6 – 3　山东聊城市消费习俗

序号	消费习俗	申报单位/地区
1	聊城铁公鸡制作技艺	东昌府区
2	东昌府沙镇呱嗒制作工艺	东昌府区
3	临清济美酱园“甜酱瓜”制作工艺	临清

续表

序号	消费习俗	申报单位/地区
4	莘县燕店范家烧鸽制作技艺	莘县
5	莘县房氏康园肉饼制作技艺	莘县
6	莘县古城镇鸳鸯饼制作技艺	莘县
7	阳谷吊炉小烧饼制作技艺	阳谷
8	高唐老豆腐制作工艺	高唐
9	义安成高氏烹饪技艺	东昌府区
10	清平糖藕手工技艺	高唐县
11	临清进京腐乳制作技艺	临清市
12	珍馐园清真肉食	冠县
13	杜郎口豆腐皮制作技艺	茌平县
14	手工空心挂面制作技艺	茌平县
15	伊尹养生宴	莘县

从表 6－3 中可以看出，聊城有众多本地美食，除上表中的美食外，还有特色精致的城市味道，魏氏熏鸡、黄金万两、七星聚义、范怀梦烧鸽、绝代双胶……各类美味餐品让人唇齿生香。

2024 年 4 月聊城市文化和旅游局发布了聊城旅游美食地图，该地图依托某平台 App 覆盖“吃、住、行、游、购、娱”全场景服务平台，通过丰富的特色美食和独特的文化底蕴相结合，打造具有聊城韵味和视觉体验的寻味地图。

消费者滑动美食地图，可以根据自己的需求自由选择目的地，也可以根据设定的美食、经典、文化等游玩线路领略各色风味。同时，聊城漫步板块通过“地图＋线路”的组合形式，让游客可以直观感知特色美食、美景的地理分布。消费者还可以点击地图上的各个内容标志，直接进入相对应的内容页面，获取详细的信息并进行消费，实现了消费者“浏览＋查阅＋消费”的一站式需求。

同时，该地图通过在某平台 App 实景地图进行美食打卡的形式，为用户带来互动性的沉浸式体验。消费者可以通过点亮地图生成个性化旅行线路，从而形成专属自己的聊城印记。聊城美食地图还设置了本土美食、优质住宿、休闲娱乐、电影演出等板块，为来到聊城的游客提供全方位的出游服务和选择。

此次聊城发布旅游美食地图，还采取“线上+线下”的形式，使消费者置身双重场景之中，能切身地体验聊城的美食美景，便捷且直观地感受聊城的烟火气与风土人情，借美食地图开启跨界融合，为聊城市的旅游开辟了新的路径。

第七章　山东岁时节日民俗类非遗项目的传承与创新

第一节　岁时节日民俗概述

岁时节日民俗是指一年中伴随着季节和时序的变化而产生的民俗。其是古代劳动人民在生活和生产中对结合天文、历法知识形成的，与古代科学技术的产生与发展密切相关。

一、岁时节日民俗的起源

岁时节日民俗是劳动人民为了适应生产和生活的需要而依据天文历法等因素创造出来的。具体来说，岁时节日民俗的起源大体与以下因素息息相关。

（一）历法节气

我国古代以农业为本，农业生产具有较强的季节性特点。春天播种、夏天耕耘、秋天收获、冬天储藏，周而复始。为了更好地进行农业生产，我国劳动人民早在原始社会时期就掌握了反映农业生产的历法知识。先秦时期的《尚书·尧典》中就有春分、夏至、秋分、冬至的节气划分。除此之外，我国古代历朝历代还推行过多种历法。这些历法根据气候变化，将一年三百六十五天划分为十二个月二十四个节气，每个节气有三候，共七十二候，准确地反映了一年四季的农业生产规律，也为我国岁时节日民俗的起源奠定了重要基础。

岁时节日民俗中的一些民俗直接来源于二十四节气，如立春、立秋、夏至、冬至等。然而值得注意的是，并非所有的岁时节日民俗均为二十四节气，二十四节气也并不全是节日。

（二）原始崇拜

岁时节日民俗的起源还与我国先民的原始崇拜有关。原始社会时期，生产力低下，原始先民无法对许多大自然现象进行解释，常常将某些自然现象与想象中的动物联系起来，产生了原始崇拜。原始崇拜作为历史上客观存在的现象，成为我国岁时节日民俗起源的因素之一。

例如，我国传统的二月二民俗即与原始崇拜中的龙图腾密切相关。

（三）禁忌与迷信

远古时期，由于生产力低下，人们对自然界的许多现象无法理解，也无法完全掌控自己的生活和命运，因此形成了诸多禁忌和迷信思想，并在其影响之下产生了许多岁时节日民俗。

二、岁时节日民俗的类型

岁时节日民俗根据节日的性质可以划分为四种类型。

（一）农事节日

农事节日是指以农业生产习俗作为标志的节日。例如，立春、立秋、夏至、冬至等均属于农事节日。

立春，为二十四节气之首，标志着寒冷的冬天已经过去，万物即将复苏，即将进入风和日暖、万物生长的季节。同时，提醒农民抓住节令，积极做好春耕生产的准备。许多地区在立春日会举行各种民间活动以庆贺春天的到来。

立秋，为二十四节气中的第十三个节气，标志着夏天即将结束，忙碌的秋收即将开始。许多地区会举行盛大而丰富的民俗活动，以庆贺丰收的季节即将到来。

夏至，为二十四节气中的第十个节气，时至麦子丰收的季节，许多地区流传着丰富多彩的庆祝活动。夏至也预示着盛夏将至，提供人们防暑解热的同时，不能忽视生产，应当加紧耕耘。

冬至，为二十四节气中的第二十二个节气，也是我国古代至关重要的一个节日，自古以来被称为“亚节”“亚岁”。冬至也是北半球全年中白昼最短的一天，从冬至开始历经“九九”八十一天，即会迎来春天。因此，民间有“冬至大如年”的说法，许多地区会在冬至举行“贺冬”“祭冬”等丰富的庆祝活动。

（二）祭祀与纪念节日

祭祀节日是岁时节日民俗的重要类型之一，以祈佑平安、五谷丰登为主，如农历二月二、腊月二十三、中元节、中秋节等均属于祭祀节日。

纪念节日指某地区或民族追念民族英雄或其他历史人物的节日。例如，端午节就是为了纪念古代爱国诗人屈原而设立的。

屈原（约前340年~前278年），是战国时期楚国的大夫，其以高尚的品格、卓越的才能和深沉的爱国情怀而著称。他热爱自己的国家，主张改革内政，联齐抗秦，但这一主张损害了楚国其他贵族的利益，最终屈原被流放至沅水、湘江一带。

公元前278年，秦军攻破楚都郢（今湖北江陵），屈原眼见自己的祖国被秦军侵略却无力救国，深感绝望。最终，屈原于五月五日抱石投汨罗江而死，以身殉国。当地百姓闻讯后，纷纷划船前往汨罗江中打捞。为了避免汨罗江中的鱼虾伤害屈原的身体，他们还纷纷往江中投掷饭团、鸡蛋等食物。久而久之，这一行为逐渐演变成了后来的端午节习俗。

（三）庆贺节日

庆贺节日通常以庆贺喜庆丰收、人畜兴旺、平安幸福作为主题的岁时节日民俗。例如，春节、元宵节等均属于庆贺节日。

这些节日的庆贺习俗在下文进行了详细介绍，这里不再赘述。

（四）社交游乐节日

社交游乐节日指借助歌舞、游艺活动进行社交的节日。例如，民间传统的歌会、舞会活动等。

值得注意的是，无论是哪一种岁时节日民俗，其内涵均十分丰富，既包括节日时令饮食风俗，又包含各种节日礼仪、服饰、娱乐以及社会交际活动等。

以端午节为例。

端午节除各地常见的美食之外，还要吃粽子、咸蛋以及包子、糖糕等美食，举行赛龙舟、戴五彩绳、在门前挂艾草、制作香包等活动，以纪念屈原，祈求平安、健康。

第二节　山东岁时节日民俗类非遗项目类型与特色

山东是我国农业大省，在长期的生产、生活实践中，山东劳动人民逐渐形成了丰富的岁时节日民俗。

一、山东岁时节日民俗类非遗项目类型

山东市级以上岁时节日民俗极其丰富（见表7-1），一年四季都有独特的民俗，主要可以划分为以下几种类型。

表7-1 山东市级以上岁时节日民俗类非物质文化遗产项目一览表

城市	项目	申报单位/地区
枣庄市	正月十五蒸面灯	薛城区
	二月二围仓龙	薛城区（周营镇）
	打春牛	峄城区
威海市	春分习俗	文登区
日照市	莒县节日习俗（春节、元宵节、二月二、清明节、端午节、六月六、七夕节、中元节、中秋节、重阳节）	莒县文化馆
	节日习俗（黄墩闹春牛）	黄墩镇文化综合服务中心
泰安市	宁阳彩粽及送彩粽习俗	宁阳县文化馆

（一）春节及元宵节相关民俗

春节和元宵节是我国最为重要的传统节日之一，山东人民为了庆祝这两个节日形成了盛大、热闹、独具特色的民俗。在此主要对莒县的春节和元宵节习俗进行介绍。

1. 莒县春节风俗

莒县春节民俗与山东省其他地区的春节民俗大同小异，从腊月二十三开始忙活，直到大年初七，主要活动包括贴春联、包饺子、守岁、做年夜饭、拜年、走亲访友等。除此之外，莒县春节时还会在门楣上贴过门笺。

过门笺，又叫吊钱、活门钱、花纸、挂千等，是一种集剪纸、雕刻、国画为一体的民间艺术品。其历史悠久，可以追溯至隋朝时期。

过门笺本身即是莒县独具特色的手工艺品，也是莒县春节民俗的重要内容之一。在莒县民间，流传着“过门笺、落门笺，落在地上都是钱”的美好寓意。

古代莒县的农户人家一至腊月，家家户户都会制作过门笺。过门笺作为剪纸、雕刻等工艺的结合体，其制作过程十分复杂，通常包括备纸、染色、裁纸、设计图案、制版、刻制、配套子、定型等十几道工序。

过门笺的纸张比较薄，不能太厚，否则制作出来的过门笺就不能随风飘动，必须用薄薄的纸张才能做出飘逸灵动的过门笺。从尺寸上来看，过门笺的尺寸可大可小。从图案上来看，过门笺的图案可繁可简。中间镂空，周围装饰着水波纹、万字纹等各种图形的花纹。

从制作工艺来看，过门笺的制作过程十分复杂，需要使用数十把花刀，融合了剪纸、书法、美术等多种艺术形式，经多道工序才能雕刻而成。春节来临之际，莒县人们通常把过门笺贴到大门、二门和堂屋的门楣上，此外，及窗户、厨门、水缸、大农具、大树等地也要贴过门笺，不同位置过门笺的数量和色彩也不尽相同。

其中，门楣上的过门笺最为重要，通常一个门楣上要贴五张过门笺，后来增加到六张，颜色顺序为头红、二绿、三黄、四水、五紫、六蓝。春节时，春联与过门笺交相辉映，显得极其喜庆。

2. 莒县元宵节风俗

正月十五元宵节，又称灯节或上元节。莒县元宵节十分热闹，人们纷纷自己雕刻灯笼用于祭祀、照明，各行各业的商人在门前悬挂象征或代表着行业的特色、造型别致的灯笼，以吸引四面八方的人们前来参观。

除了挂灯笼，莒县各村镇还会组织队伍耍龙灯、旱船、狮子舞、高跷、玩耍、武术等活动，十分热闹、红火。

（二）农耕文化相关民俗

山东自古以来就是我国的农业大省，岁时节日民俗类非物质文化遗产项目中包含着丰富的农耕文化相关的民俗。

1. 二月二围仓龙

二月二，是指农历二月初二，是我国的传统节日之一。俗话说“二月二，龙抬头。”传说，二月二这天，天上主管雨水的龙王会抬起头来，这天之后，大地逐渐呈现出万物复苏，阳气上升的态势，雨水也逐渐多起来，有利于人们进行春耕、播种等活动。

山东省枣庄市薛城区（周营镇）的二月二围仓龙民俗极具特色。二月二当天，村民们起床后，在太阳升起之前，从自家锅灶下掏一筐草木灰，然后用掏灰的小铁锨在院子画出一个又一个圆圈。通常少则三圈，多则五圈（取奇数，不取偶数），一圈套一圈。画好后，村民还会将自家不同种类的粮食，每样取一小把撒在圆圈的外围，有的还会在外圈画上囤梯，以表达希望五谷丰登、粮食满仓的美好意愿。

2. 节日习俗（黄墩闹春牛）

山东省日照市岚山区黄墩镇的闹春牛习俗可以追溯到600多年前，是山东古代农耕文明的重要文化表达。

在现代机械化生产出现之前，我国农业生产基本依靠畜力。耕牛，是我国古代农业生产体系中的重要劳动工具之一，耕牛技术的应用是我国古代农业史上的重要里程碑，极大地提高了我国的农业生产效率。

每年农历二月初二这天，农民们早起会把耕牛喂饱，为牛披上大红色的绸缎，接着将牛牵到开阔平坦的农田里，套上犁，轻轻鞭打耕牛，驱使耕牛犁地，翻出新土。围观的群众则纷纷驻足观看。人们以闹春牛的形式迎接春天的到来。

（三）其他岁时节日民俗

除了上面两种类型之外，山东岁时节日民俗类非物质文化遗产项目中还包含宁阳彩粽及送彩粽习俗等其他岁时节日民俗。

宁阳彩粽及送彩粽习俗是山东省泰安市宁阳县一带特有的端午民俗。

端午节是我国重要的节日民俗活动之一，至今已有两千多年的历史，全国各地都会在端午节当天举行丰富多彩的民俗活动，其中即包括包粽子活动。

宁阳彩粽，并不是传统意义上可以食用的粽子，而是一种用丝线或七色线缠绕几何壳体而成的一种图案多样、色彩绚丽的手工艺品。传说，宁阳彩粽是清代乾隆年间，乾隆带宫人到泰山微服私访时，一位宫女偶然将此技艺传给泰安一位心灵手巧农妇，从此在宁阳一带流传开来。

宁阳彩粽的制作工艺十分独特，起初是将丝线、金银线等缠绕成菱形、三角形等不同形状的几何体。现在传承的宁阳彩粽的内壳通常是三角形、菱形等空心几何体，几何体内放入香附、艾叶、白芷等带有香气的中药材，外层则用彩色丝线缠绕而成。成品色彩鲜艳，样式美观大方，十分精致。

人们以彩粽寄托平安吉祥的美好意愿。每年临近端午时，宁阳及其周边的百姓就会纷纷制作彩粽，并将其赠送亲朋好友，悬挂在家中、树上以祈求平安吉祥。

二、山东岁时节日民俗类非遗项目特色

山东岁时节日民俗类非物质文化遗产项目，反映了山东省丰富多彩、独具特色的地域民俗文化。

（一）高度融合的艺术性与实用性

山东岁时节日民俗类非物质文化遗产项目的艺术性十分突出。

以莒县的过门笺为例。

过门笺不仅是春节期间的一种特殊装饰品，也是一种精美的艺术品。其制作融合了剪纸、雕刻、国画等多种艺术手法，图案有方孔钱纹、万字纹、水波纹等多种类型，下呈穗状多样。色彩鲜艳，每一幅作品都蕴含着民间手艺人的独特创意和精湛技艺。

过门笺的制作这些作品不仅装饰了节日的喜庆氛围，也展示了民间艺术的深厚底蕴和独特魅力。

除了作为装饰品外，过门笺还承载着人们对新年的美好祝愿和祈愿。其贴放的位置、数量和色彩都经过精心挑选和设计，以符合人们的审美和信仰需求。同时，过门笺的制作材料多为纸张或布料等易于获取和处理的材料，这也体现了其实用性的一面。

又以宁阳彩粽为例。

宁阳彩粽不仅是端午节期间的一种特色手工艺品，更是一件件绚丽多彩的艺术品。其用五彩丝线或金银线的精妙缠绕，呈现出千变万化的

形态。

从艺术性视角看，宁阳彩粽的色彩搭配极为讲究，五彩丝线交织间，既对比鲜明又和谐统一，展现出极高的审美价值。其形状设计更是丰富多彩，从传统的三角形、菱形，到充满创意的新样式，每一种都独具匠心，令人赏心悦目。这些彩粽不仅是节日的装饰，更是民间艺术的瑰宝，展现了中华民族深厚的文化底蕴和创造力。

从实用性视角看，宁阳彩粽作为端午节的传统习俗之一，寓意着驱邪避瘟、祈福纳祥。人们通过制作和悬挂彩粽，寄托了对家人健康平安的美好祝愿。彩粽中放入带有香味的中药材可以充当香包使用。此外，彩粽的制作材料多为丝线或金银线，这些材料既易于获取又便于保存，使得彩粽能够成为传承久远的民间手工艺品。

（二）丰富的文化内涵与象征意义

民俗活动是由某一国家、民族或地区的人民共同创造和传承的，通常蕴含着丰富的文化内涵和象征意义。山东岁时节日民俗类非物质文化遗产项目也是如此。

以黄墩闹春牛为例。

黄墩闹春牛活动作为一项传统农耕民俗，与我国源远流长的农耕文明和耕牛技术的应用息息相关。从农耕文明延续的视角来看，黄墩闹春牛活动不仅是一项传统民俗活动，更是我国古代传统农耕文明的重要见证者和传承者。

古代农耕社会，人们根据季节的变化来安排农业生产活动，春耕、夏耘、秋收、冬藏，形成了与自然和谐共生的生活方式。黄墩闹春牛活动在农历二月初二举行，此时已是初春，正是春耕的好时节。该民俗以“春牛”为核心，寓意着春天的到来，提醒人们以虔诚的心态迎接新一年的农耕，体现了农耕文明中“顺应自然、天人合一”的核心理念。

黄墩闹春牛活动不仅仅是一项农业生产活动的前奏，更是一个集庆祝、祈福、娱乐为一体的综合性民俗活动。在活动中，人们通过舞蹈、歌唱、表演等形式表达内心的喜悦和幸福，传递着对未来的美好祝愿。这种民俗项目的传承与发展，不仅能够丰富当地民众的精神生活，也能够不断吸收新的文化元素和时代精神，从而展现出勃勃生机和活力。

第三节 山东岁时节日民俗类非遗项目的创新发展

近年来，伴随着旅游业的发展，山东岁时节日民俗类非物质文化遗产项目焕发出新的生机。

一、借助岁时节日民俗打造地方民俗文化品牌

岁时节日民俗是民间具有较强凝聚性和群体性的民俗之一，具有较强的地域特色。借助岁时节日民俗活动，打造地方民俗文化品牌既能够突出地方特色，又能够对岁时节日民俗进行活态传承，是民俗类非物质文化遗产项目创新发展的良好尝试。

黄墩镇闹春牛活动是山东省传承非物质文化遗产和留住乡村记忆的重要形式。黄墩镇历史悠久，距离该镇不远的浮蓬山上，至今仍保留着方圆几十公里唯一的牛王庙遗址，流传在这一带的耕牛号子、赛牛、打囤子、试犁等民俗原汁原味，独具特色，对于保留目前日渐消亡的乡村文化，具有较高的乡村记忆价值。

近年来，黄墩镇年年举办“二月二闹春牛”民俗艺术节，吸引了四面八方的游客。为了更好地为游客服务，黄墩镇还成立了黄墩庄户剧团心乐娱乐团、大力发展农民画、打造侯家沟文化产业创意园，不断提升乡村旅游的硬件和软件，打造黄墩乡村文化名片。

二、借岁时节日民俗助力旅游业发展

岁时节日民俗作为中华民族悠久历史与丰富文化的重要组成部分，不

仅承载着深厚的情感记忆与价值观念，还蕴含着独特的地域民俗魅力，在推动地方旅游业发展方面发挥着不可小觑的作用。

（一）莒县春节旅游活动

2024 年春节期间，莒县举行了一系列迎新春活动，借助节日民俗拉动旅游。

1.“长龙书画宴”迎新春活动

从 2024 年 2 月 2 日至 2 月 4 日（腊月二十三至二十五），在莒国古城设七大展区，包括开幕式和文艺展演区、“书画莒州　龙腾盛世”莒国古城长龙书画宴区、“突破莒县　镜观发展”贺新春摄影作品展区、“赶黄河大集　购家乡好物”年货大集区、“观非遗　赏创意”百项非遗和山东手造莒县优品项目现场展示体验区、“灯耀古城　点亮莒县”2024 莒国古城迎春灯会区和“建功新时代　奋进新征程”沂蒙画派作品展区。

2. 迎春灯会

2024 年 2 月 3 日（腊月二十四）至 3 月 3 日（正月二十三）举办莒国古城迎春灯会。

3. 新春庙会

2024 年 2 月 10 日至 2 月 25 日举办新春庙会，舞龙、舞狮、戏曲、歌舞、杂技、非物质文化遗产等近百场节目群英荟萃，精彩纷呈。精彩的传统民俗巡游，糖人、剪纸、刻画、脸谱、酿酒、雕刻等众多非物质文化遗产项目汇聚古城。民俗手工艺传承人每天在现场为游客表演其精湛的手工技艺，展示传统民俗手工艺绝活，感受千年文化传承。全国典型的小吃、商品以及娱乐聚会古城。

4.“元宇宙”体验式景点

2024 年 2 月 10 日起，文昌阁将以“天地文心”为主题，打造全国首家“元宇宙”体验式景点。

5. 元宵节猜灯谜活动

2024 年 2 月 23 日至 2 月 24 日，举行元宵节猜灯谜活动。

6. 其他

春节期间，逢二、七，在永成门至城墙东侧文玩市集开集；此外，春节期间至 3 月初，在莒国古城东侧，开展沿河冰雪嘉年华活动。

莒县还推出 2024 春节乡村旅游精品线路，分为东、西两条线路，包括莒国古城、浮来山风景区、浮来青旅游度假区、嗡嗡乐园、莒州博物馆等景区，六九公社、茶颜馆色、九里晴川等精品民宿，以及都乐农庄、春晓研学等研学基地，全链条的服务体验、体系化的文化跟读、沉浸式的场景演绎、丰富多彩的春节活动，吸引游客来莒县，齐聚莒国古城，过“莒味”中国年。

（二）打造以岁时节令为主题的全国乡村旅游精品线路

岁时节令，既是农耕文化的传世智慧，也是乡村生活的诗意注脚。2024 年，我国文化和旅游部推出了 82 条“岁时节令　自在乡村”全国乡村旅游精品线路。这些乡村旅游线路均围绕二十四节气、中国传统节日策划主题线路，覆盖全年相关民俗文化和节庆活动，致力于让游客体验不同地域不同时节的乡村民俗。

山东省有多条旅游线路入选，分别为山东 · 谷雨润茗、春漫山海“乡”遇崂山之旅、济宁 · “胜日寻芳泗水滨”乡村度假休闲之旅、聊城东阿县 · “赏国色天香　享醉美春光”黄河踏青之旅。

1. 山东 · 谷雨润茗，春漫山海“乡”遇崂山之旅

在崂山，谷雨节气有摘谷雨茶、走谷雨、祭海、吃春、赏花等习俗。该路线精心串联崂山区山海风光、田园景色和乡土文化，不仅让游客感受采春茶、上春山、赏春景的乐趣，还可以感受鲅鱼礼俗蕴含的文化传承以及憩居山海的诗意与浪漫。其主要活动包括崂山茶文化节和沙子口鲅鱼节。

崂山茶文化节：每年谷雨时节，崂山区王哥庄街道都会举办崂山茶文化节。崂山人自古种茶、爱茶，在世界三大地下水系之一——崂山矿泉水的滋养下，崂山茶形成“色、香、味、形”俱佳的优良品质。“谷雨谷

雨，采茶对雨”，谷雨时节，家家户户开始采“头茬”崂山茶，这时的崂山茶最为珍贵，被称为“黄金芽”。谷雨时节，梯田里茶垄碧绿，涧谷中溪水清澈，登山赏春的游客、田间劳作的农人，共同交织成一幅明媚的春日画卷。

沙子口鲅鱼节是青岛地区传承孝道文化、弘扬中华民族传统礼俗的重要表现形式。“又是一年春汛到，梧桐花开鲅鱼跳”，谷雨时节，到沙子口大集上采买鲅鱼的人络绎不绝，“鲅鱼跳，丈人笑”说的就是谷雨前后渔民出海捕捞新鲜鲅鱼，女婿们采买鲅鱼孝敬丈人的礼俗，“鲅鱼之礼”承载的孝道文化已成为青岛一道情意浓厚的人文风景。

2. 济宁·“胜日寻芳泗水滨”乡村度假休闲之旅

每年二月份至四月份，济宁泗水的梅花、杏花、桃花、樱花相继开放，梅花园、杏花村、桃花谷、樱花大道绕山环湖，盛开之时，风吹花，落如雨，烂漫夺目，美不胜收。这里会相继举办声势浩大的梅花节、杏花节、樱花节、桃花节、梨花节等系列赏花节庆活动，近100天的春季赏花内容，歌舞、话剧、研学、美食、市集、民谣、非物质文化遗产等丰富多彩的活动20余场，让游客走进春天，尽享节气之美。

3. 聊城东阿县·“赏国色天香　享醉美春光”黄河踏青之旅

该线路所在地为聊城市东阿县，以鱼山曹植风景区和艾山风景区为核心，打造黄河中下游集旅游观光、休闲养生、文化展示为一体的沿黄生态观光及文化体验旅游带。其主要活动包括牡丹观光节、踏青咏怀节，以及黄河绿色生态廊道踏青赏花等活动。

牡丹观光节：每年四月下旬至五月初，聊城东阿县艾山风景区举办“牡丹观光节”，此时正值谷雨和立夏节气期间，这时气温逐渐升高，天气也变得更加温暖，是万物生长的关键时期，游客既能观赏万亩牡丹争相斗艳的美景，又能感受到季节变化带来的惬意。牡丹节期间活动内容包括非物质文化遗产展演、戏曲专场、杂技表演、汉服巡游、古筝展演、摄影大赛、黄河踏青徒步行、诗词书画写生等系列主题游园活动，同时串联艾山村、王道口民俗村、鱼山曹植风景区等。

踏青咏怀节：以谷雨节气开头，联结清明节气，直到小满节气结尾。鱼山曹植风景区位于东阿县城南 17 千米处鱼山村，占地总面积 180 余亩。游客来此可体验黄河绿色生态廊道踏青赏花游春游活动，欣赏山间美景及山体摩崖石刻，聆听梵呗音乐，感受曹植风采、三国文化，随拍黄河岸边五彩绿色廊道风光。

黄河绿色生态廊道踏青赏花：黄河东阿段地处下游，河道平缓，泥沙淤积，河床高出地平面五米左右，是名副其实的悬河。特别是在东阿段，更是旋涡横流，险象百出。沿黄 57 公里大堤路东侧上万亩的乔木树林，高大挺拔，郁郁葱葱，西侧油菜花，海棠树，梅花，黄山栾、油用牡丹等各类乔木灌木及生态花海景观，每到春季便成为黄河大堤路上一幅五彩的油画。

第八章　山东游艺民俗类非遗项目的传承与创新

第一节　游艺民俗概述

游艺民俗是各种民间娱乐活动的总称，包括各种消遣娱乐，以调剂身心为主要目的的活动。本节主要对游艺民俗的类型、特征进行简要概述。

一、游艺民俗的类型

游艺民俗的内涵十分丰富，根据民间娱乐活动的内容与方式，游艺民俗可以划分为以下三大类型。

（一）民间游戏类

民间游戏是游艺民俗中常见的一种类型，广泛流传于民间的嬉戏娱乐活动。民间游戏从游戏性质上可以划分为智能游戏、体能游戏、助兴游戏。

1. 智能游戏

智能游戏是一种寓教于乐、启迪思维的民间游戏形式，其旨在通过精心设计的活动与挑战，激发参与者的智力潜能。智能游戏的特殊之处在于，其以独特的趣味性为引，巧妙融合了知识性与挑战性，让受众在享受游戏乐趣的同时，锻炼各种技能，提升智力。

例如，绕口令、猜谜语、七巧板等均属于民间智能游戏。

2. 体能游戏

体能游戏是指以锻炼和发展参与者体能素质为目的的娱乐活动。体能游戏通常注重游戏的娱乐性。不同地域、国家或民族生产、生活方式以及历史文化的差异会对体能游戏的类型产生影响。

例如，捉迷藏、抖空竹等都属于体能游戏。

3. 助兴游戏

民间助兴游戏通常指以嬉戏或消遣为主的游戏类型，一般为智力和体力相结合的游戏。

（二）民间竞技类

民间竞技是一种以竞赛体力、技巧和技艺为主要内容的民间游戏。民间竞技既包括动物的竞技，也包括人与人之间的竞技。其在民间游戏中发源较早，按照竞技的性质和组织方式划分，可以划分为力量竞技、技巧竞技和技艺竞技三种类型。

1. 力量竞技

力量竞技是民间竞技类游艺民俗中常见的类型之一，其以力量对抗为主，既包括个人力量竞技，也包括团体力量竞技。

例如，摔跤、投掷、拔河、龙舟竞渡等都属于力量竞技。

2. 技巧竞技

技巧竞技即以一定的比赛技巧作为标准的竞技民俗，值得注意的是，技巧竞技既包括单一技巧竞技活动也包括综合技巧竞技活动。

例如，蹴鞠与踢毽子、放风筝、赛马、荡秋千等均属于技巧竞技。

3. 技艺竞技

技艺竞技是以比赛技艺为主的民俗活动，其不同于力量竞技和技巧竞技，搏击性较弱，娱乐性较强。例如，民间棋类竞技等属于技艺竞技。

（三）民间杂艺类

民间杂艺是游艺民俗中一种以杂耍性表演为主的娱乐活动，具有较强的娱乐性和观赏性，包括民间艺人的杂耍表演、动物表演及各种斗戏。

1. 民间艺人杂耍表演

民间艺人杂耍表演主要包括杂技和戏法两种类型。其中，杂技主要为民间特有的、惊险的表演性技艺，包括口技、转碟、舞狮子、皮影戏、舞流星、顶碗、爬竿、走飞索等。戏法则包括吞刀吐火、空中取酒、大变金钱等。

2. 动物表演及各种斗戏

动物表演及各种斗戏是以动物为主角进行的争斗表演，主要包括斗鸡、斗羊、斗牛、斗蟋蟀等。除此之外还有人与动作协作的表演，如马戏、猴戏、象戏、虎戏等。

二、游艺民俗的特征

游艺民俗与其他类型的民俗一样，既有民俗的普遍性特征，也有其自身的特性。在此主要对游艺民俗自身的特性进行详细分析。

（一）地域性与传统性相结合

游艺民俗是世代相传的文化遗产，往往通过口传心授、言传身教的方式在民间广泛流传。这些活动不仅仅是娱乐，更是民族历史、文化、信仰的载体，承载着深厚的传统意义。

以山东省级非物质文化遗产项目胡集书会为例。

胡集书会是民间自发兴起的曲艺人说书的盛会，其形成与山东当地悠久的曲艺文化之间存在千丝万缕的关系。此外，也与胡集当地特殊的地理环境息息相关。

胡集镇位于山东省菏泽市中心地带，处于菏泽市牡丹区、郓城和鄄城三县的交界处，自然资源丰富，交通便利。此外，胡集镇还是当地较大的一个集镇，逢二、逢七均有集会。乡村大集不仅是乡村重要的商品交易场所，还是乡村难得的休闲娱乐与村民社交的重要聚集地。独特的地理位置，交通条件以及乡村大集等因素叠加在一起为胡集书会的创立奠定了重要的基础。胡集书会应运而生，代代传承，才形成了这一独特的游艺民俗。

再以山东德州市级非物质文化遗产项目恩城鸽子会为例。

山东省德州市平原县恩城镇地理位置十分优越，自古以来就是南北通衢的重要官道，也是周边县市的一大重镇。恩成镇还属于马西高地，地势较高，此地周围磁场相对较强。而鸽子依靠地球磁场进行导航，因此恩城镇十分适合鸽子的养殖和放飞。

鉴于恩城镇独特的地理优势，恩城百姓自古以来就有养鸽、驯鸽的经验和传统。这也为恩城鸽子会游艺民俗的形成奠定了重要的地域基础和历史基础。

（二）季节性与非季节性相结合

传统乡村游艺民俗具有鲜明的季节性特征，有的游艺民俗属于季节性民俗，而有的游艺民俗却不受季节限制，随时可以进行。

一般而言，与自然环境的变化和人们的生产生活节律紧密相关的游艺民俗，通常具有较强的季节性。

例如，山东游艺民俗类非物质文化遗产项目中的宁阳斗蟋，就是一项季节性游艺民俗。

蟋蟀是一种田野中常见的昆虫，又称“百日虫”，其有着独特的自然生长规律，生命往往凝结在短短的百天左右。通常每年四五月蟋蟀才会孵化，之后历经多次蜕皮，立秋前后，蟋蟀才成长为成虫开始鸣叫。这时，正是捉蟋蟀的好时机。因此，宁阳斗蟋民俗每年立秋前后举行。

又如，菏泽斗羊民俗也是山东游艺民俗类非物质文化遗产项目之一。这一民俗是菏泽民间二月二民俗中的一项，因此在每年农历二月初二举行，也具有较强的季节性。

此外，一些民俗不受季节的限制，能够满足人们不同时间、不同场合的娱乐需求。例如，山东游艺民俗类非物质文化遗产项目中的济南晨光茶社。晨光茶社是济南一处专门用来从事曲艺、相声表演的场所，也是我国相声艺术的摇篮之一，其历史悠久，影响深远，在济南当地形成了独特的曲艺、相声表演与欣赏民俗。该民俗即不受季节的影响，属于非季节性游艺民俗。

（三）竞技性与娱乐性相结合

游艺民俗具有竞技性与娱乐性相结合的特点。游艺民俗中往往包含竞技元素，通过比赛、竞赛等形式激发参与者的兴趣和热情。竞技性不仅增加了游艺的趣味性和挑战性，还能在较量中锻炼参与者的意志品质、提升技能水平。

娱乐性是游艺民俗的基本属性之一。游艺活动往往以轻松愉快的方式进行，旨在调剂人们的生活节奏、缓解压力、增进情感交流。在娱乐的过程中，人们可以放松心情、享受乐趣，同时也能获得身心的愉悦和满足。

以山东德州市级非物质文化遗产项目恩城鸽子会为例。

恩城鸽子会是一个综合性较强的民俗活动，既有部分竞技比赛，也有较强的商业贸易性质以及旅游娱乐性质。

第二节　山东游艺民俗类非遗项目类型与特色

山东是历史上有名的曲艺之乡，山东大鼓、胶东大鼓、山东琴书、山东快书、莺歌柳书、山东落子、端鼓腔和山东花鼓等曲艺形式均有悠久的历史和深厚的文化底蕴。除此之外，山东的其他游艺民俗也十分丰富。

一、山东游艺民俗类非遗项目的类型

山东市级以上游艺民俗类非物质文化遗产项目（见表8－1）与其他类别尤其是饮食类非物质文化遗产项目相比，数量相对较少，涵盖了书

会、相声等表演艺术、石类鉴赏以及动物争斗等多种类型。

表8－1　山东市级以上游艺民俗类非物质文化遗产项目一览表

城市	项目	申报单位/地区
枣庄市	赏石艺术（李岭赏石艺术）	市中区
滨州市	胡集书会	惠民县
德州	恩城鸽子会	平原县文化馆
	恩城鸽子会	宁津县文化馆
泰安市	宁阳斗蟋	宁阳县文化馆
菏泽	菏泽斗羊	菏泽市牡丹区文化馆
济南	大观园晨光茶社	市中区

（一）曲艺表演民俗

山东省被誉为我国曲艺艺术的璀璨瑰宝之地，其不仅孕育了山东琴书、曹州花鼓等诸多享誉中外的曲艺形式，形成了各具特色的曲艺风格，如山东琴书之悠扬、曹州花鼓之热烈、坠子之深情、山东快书之铿锵、山东大鼓之雄浑、山东落子之风趣、莺歌柳书之婉约、弦子鼓之灵动以及道情之超脱；还承载着丰富多样的独特表演民俗，如胡集书会、大观园晨光茶社。

1. 胡集书会

胡集书会，顾名思义，是山东省滨州市惠民县胡集镇流传的一种独特的曲艺表演民俗。胡集书会历史悠久，兴起于宋元，繁荣于明清，至今已有数百年的历史。

每年正月十二至正月十七前后，全国各地的曲艺表演艺术家纷纷会聚到胡集镇进行竞技表演活动。表演的形式丰富多样，包括西河大鼓、梅花大鼓、木板书、毛竹板、沧州木板、相声、山东琴书、山东快书、渔鼓等曲艺表演形式。其后来逐渐演变为以联谊为主的曲艺界交流活动，被誉为中国曲艺界的“活化石”。

历史上胡集书会的规模十分盛大，其在清代民国期间可以辐射周边50多里甚至上百里。每年书会召开期间，除了曲艺表演家之外，惠民县周边一带的百姓常常扶老携幼前来观看，现场人山人海，不失为当地百姓的一场曲艺观摩盛会。

20世纪40年代，受历史和政治因素的影响，胡集书会一度呈现出萧条态势。中华人民共和国成立后，胡集书会重新焕发出生机并一直传承至今。

胡集书会不仅是滨州市市级非物质文化遗产，还是山东省省级非物质文化遗产，并于2006年列入中华人民共和国第一批国家级非物质文化遗产名录，遗产编号：X-59。

胡集书会的参与人数众多，整个书会由“前节”“正节”“偏节”三部分组成。

（1）前节。

时间：春节至正月十二。

这段时间，胡集书会还没有正式开始。全国各地的说书艺人从四面八方赶赴书会。古代交通不便时，说书艺人们有时甚至要走上几天几夜甚至更长时间。经过沿途村镇时，受村民们的邀请，说书艺人有时会短暂停留，卖场说书，然后继续赶路。

无论距离多远，说书艺人们通常会在正月十二前一天陆续赶到书会举办地，到附近的旅馆或村民家借宿。正月十一晚上，说书艺人们纷纷汇聚到一起，相互问候致意，畅谈友情，离别之情。年长者或组织者通常会申明秩序，为第二天的书会开启做足准备。具体包括：聚会拜节，畅谈友情；敬拜祖师，长故望空；交流技艺，提前卖场；介绍新徒，师承门户；严守行规，违章必处；睦处挚亲，从尊纠理。

（2）正节。

时间：正月十二至正月十六。

这段时间，是胡集书会正式举行的时间，这一时期的表演通常又分为两部分。

第一部分是正月十二上午。

说书艺人们纷纷到事先划定好的场地摆场卖书。每位说书艺人都使出浑身解数，说唱自己最拿手的书目小段，以吸引观众、吸引雇主。

周边村庄甚至方圆数十里、百里开外的百姓也纷纷蜂拥而至，观看说书艺人们的表演。村民们一边看表演，一边对说书艺人们的表现进行考察和比较。发现技艺高超的说书艺人后，周边村庄的百姓会派出一位代表，承担“请书人”的角色。请书人与中意的说书艺人协商，邀请其到自己所属的村庄进行表演。双方确定雇佣协议后，请书人所属的村庄即向说书艺人支付定金，说书艺人则需要给予协议村庄某种说书必备的乐器作为抵押。这种行为即可称为“卖下去了”。通常一个村庄只邀请某一档艺人回村表演。

第二部分则是正月十二下午至正月十六。

签订雇佣协议后，说书艺人需要于正月十二下午与搭档或班子一起，赶赴受雇佣的村落，并安排说书场地。晚上，即在雇佣村落的场地进行正式表演，一直持续到正月十六晚上。雇佣表演期间，说书艺人每天上午、下午、晚上各进行一场 3 小时左右的表演，四天五晚共需表演十三场。在此期间，说书艺人的食、住均需要雇佣村落负责。正月十六日晚上，表演结束后，雇佣村落需要向说书艺人支付尾款。之后，双方的雇佣关系也告一段落。

（3）偏节。

时间：正月十二至正月二十一。

这段时间，热闹的胡集书会正节已然结束。然而，如果说书艺人在这段时间的表演十分精彩，雇佣村落的村民意犹未尽。双方可以再次商讨雇佣事宜，艺人可以在雇佣村落接着表演，直至正月二十一晚上。

如果雇佣村落决定不再继续雇佣说书艺人表演，说书艺人则于正月十七重新回到胡集书会的总会场进行表演，直至正月二十一晚上。

此外，这段时间没有雇佣至心仪说书艺人的村落，或家有喜事的人家、店铺等可以再与心仪说书艺人缔结合约，邀请他们回去表演，时间可长可短。此时，说书艺人的报价通常较正节更低。正月二十一日晚，胡集书会正式落下帷幕。

在此期间，艺人们还会相互交流、拜师、叙旧，共同切磋。经过数百年的发展与传承，胡集书会已经不再是说书艺人自发组织的曲艺交流活动，而是成为说书艺人和当地百姓心中独特的文化符号，寄托着说书艺人和百姓对新春的期盼与对美好生活的追求。

2. 济南晨光茶社

济南晨光茶社，创办于 1943 年，是济南专业的相声演出场所，由著名相声表演艺术家李寿培、孙少林创办。“晨光茶社”的命名十分有趣。当时相声艺人常连安在北京创办了一家启明茶社，专门表演相声。孙少林认为“启明”的寓意很好，但只说了天要亮，但还没有见到光。于是，他为晨光茶社取名“晨光”，既与“启明茶社”一脉相承，又遥相呼应。

自济南晨光茶社成立后至 1948 年，李寿培和孙少林邀请了大量北京、天津知名的相声表演艺术家到晨光茶社表演，包括当时大名鼎鼎的相声表演艺术家——张寿臣、马三立、刘广文、高桂清、高少亭、冯立章、冯立铎、李伯祥等，组织了一支实力雄厚的相声表演队伍，每次开演都吸引了无数观众前往观看，在当地形成了独特的相声表演传统。

晨光茶社的相声表演以对口相声为主，兼具单口相声、太平歌词、三人相声以及快板、数来宝等类型。相声表演风格或幽默明快，或含蓄、深沉，风格多样，成为济南相声界的一块金字招牌。

每天晨光茶社表演时，都会迎来海量观众。当时晨光茶社收费方式与现在的相声艺术表演收费方式不同。观众入场时会领一张盖有时间的纸条，出场时，工作人员根据纸条上的时间计算观众在场内的时长，以时长计费。如果遇到艺术精湛表演者，往往一条长凳上挤着多位观众，甚至连卖茶水的伙计都挤不过去，出现了茶社不卖茶只听相声的奇观。有时场内已经坐满了，场外还有大批观众排队，准备入场观看。而遇到表演不精、艺术水准不过关的演员，观众们会纷纷离场。

当时，相声界有句俗语“北京学艺，天津练活儿，济南踢门槛儿”。相声艺人们学艺完成后，纷纷选择到晨光茶社进行表演。这里的观众往往具有较高的相声艺术素养。只有在名家荟萃的晨光茶社中获得良好的口碑，得到场内观众的认同，青年相声表演艺术家才能在行业内崭露头角。

在晨光茶社的影响下，济南当地形成了独特的相声氛围，甚至民间流传起说相声、看相声表演的民俗。

（二）动物竞技民俗

山东省市级以上游艺民俗类非物质文化遗产项目还有一类特殊的动物竞技民俗。所谓动物竞技，即以某种动物作为主角进行的竞技活动。

例如，山东省德州市平原县和宁津县一带流行的恩城鸽子会、泰安市的宁阳斗蟋、菏泽市的斗羊民俗等。

1. 恩城鸽子会

恩城鸽子会起源于明代正德年间，距今已有500多年的历史。其所在的山东德州市平原县周边磁场较弱，是鸽子放养的理想场所。每年正月初八，北京、上海、天津、江苏、河南、河北及山东境内地市的民间养鸽爱好者纷纷会聚到恩城进行买卖、竞赛、娱乐，十分热闹。

据传，恩城鸽子会的前身是恩城大集，大集上既有劳务市场，也有琳琅满目的“鸟市”。后来，劳务市场逐渐消失，“鸟市”中只剩下鸽子，市场却没有没落，反而越来越兴旺，逐渐成为专门的鸽子会。

每年正月初八，鸽子会召开期间，全国各地的鸽友、商人、游客纷纷云集到一起，观鸽、赛鸽，进行鸽子交易。这时候的恩城往往人山人海，声势浩大，为一时之盛景。

2021年，恩城鸽子会被山东省人民政府列入“第五批省级非物质文化遗产代表性项目”。

2. 宁阳斗蟋

蟋蟀（蛐蛐、中华斗蟋）是一种昆虫纲直翅目蟋蟀科的无脊椎动物，也是秋天鸣虫的代表，以鸣叫和好斗而著称。其中，山东宁阳一带所产的蟋蟀，个头大，外表威猛，色苍秀，骨丰实，牙坚硬，皮枭老，性刚烈，勇猛善斗，色品俱全，民间号称“江北第一虫”。

每年秋季，蟋蟀的成熟期，全国各地的蟋蟀爱好者纷纷涌入宁阳县寻求擅斗的好蟋蟀。宁阳当地也形成了独特的斗蟋风俗。秋季一到，宁阳人无论男女老少纷纷放下手头的工作，到田地里抓蟋蟀，斗蟋蟀，参加一年一度有趣的家乡盛会，形成了独特的斗蟋民俗。

3. 菏泽斗羊

菏泽地处山东省西南部，境内河道、湖泊较多，形成了发达的水网系统。菏泽自古以来就是山东省乃至全国重要的农业和畜牧业大市。当地的鲁西黄牛、青山羊、小尾寒羊十分有名，被誉为“国宝”。在强大的畜牧业支撑下，菏泽民间形成了独特的斗羊民俗。

传说，菏泽斗羊起源于三国时期。三国早期，曹操和袁绍打仗时，被强大的袁绍军打败，被迫退兵曹州（现属菏泽市）。士兵们打了败仗，个个垂头丧气。曹操为了提振士气，下令部下观赏斗羊。

斗羊，民间俗称羝羊，是一项传统的、具有鲜明特色的民间娱乐活动。公羊喜斗，遇到对手就会以角互抵。其角斗场面惊险激烈，蔚为壮观。曹军观看斗羊后，果然士气大振。曹操趁机反戈一击，打败了袁绍。从此，菏泽一带便兴起了斗羊的风俗。

每年年末，斗羊活动开展时，一只只雄壮彪悍的斗羊会被依次编号，逐对上台，相互决斗。

斗羊比赛时，两羊拉开 30 至 50 米的距离，斗羊人同时松手，两羊相撞，撞击 10 次为一个回合，以一羊放慢速度或躲避碰头来判断输赢，赢的一方被封为该场的羊王。

在观众的呐喊下，赛场上的斗羊如同用前额和犄角互相抵斗，迸发出“嘭嘭”的响声，场面震撼，扣人心弦。

（三）其他

赏石艺术（李岭赏石艺术），是山东省枣庄市李岭村一带独特的民俗。

李岭村是一座仅有两百多户人家的小村落，当地处于丘陵地带，山石众多，土地贫瘠。

近年来，李岭村村民借当地的山地资源优势，进行奇石发掘，逐渐形成了民间赏石艺术民俗，成为远近闻名的"鲁南奇石第一村"。李岭村的村口、路旁以及家家户户的庭院里甚至室内都摆放了大大小小、形态各异的奇石。

自2019年开始，李岭村成立了李岭奇石销售农民专业合作社，并将赏石艺术申报为市级非物质文化遗产，建立了总面积超过500平方米的奇石文化馆。馆中设置有大众奇石、根雕和精品奇石三个展厅，共展出十二生肖和奇石宴等各类大小精品奇石300余块、根雕30余个，室外石博园、村内小广场与道路两侧展示了各类大中型奇石700余块，其中不乏灵璧奇石、黄河奇石、玉化石等稀有种类。

二、山东游艺民俗类非遗项目的特色

山东游艺民俗类非物质文化遗产项目丰富多彩，呈现出以下主要特色。

（一）历史悠久，底蕴深厚

山东游艺民俗类非物质文化遗产项目的历史大多十分悠久，有着深厚的文化底蕴。

以胡集书会为例。

胡集书会历史悠久，至少有三百多年的历史。胡集镇位于惠民县的东北部，别看其只是一个镇，却地处四通八达的交通要道。这为胡集书会的形成提供了有利的先决条件。

胡集镇是惠民县的大镇，逢二、七为集日。每年正月十二日是春节后的第一个大集，当地及周边村民纷纷到集市上购买灯笼等各类用品，以迎接即将到来的正月十五元宵节。乡村大集的规模丝毫不亚于综合市场，除了各种商品，还有丰富多彩的娱乐活动。

据说，某年正月十二的集日上，一位唱渔鼓的艺人与一位唱落子的艺人产生了冲突，双方相持不下。于是约定第二年正月十二带同行前来对垒。第二年，双方依然相持不下，继续约定下一年再对垒。连续几年，参与对垒的艺人越来越多，影响也越来越大。双方均认识到，艺术可以交流与竞争，但不能相互敌视。于是双方化干戈为玉帛，艺人们聚会性质也由原来的对垒转变为联谊交流活动。

就这样，胡集书会慢慢兴起，规模也越来越大。后来胡集正月十二的集日干脆成为说书人竞技的场所，数百年传承不息。

根据资料记载，1949 年前，赶赴胡集书会的艺人多达四五百档；20 世纪 50 年代的赶赴胡集书会的艺人则有三百多档；20 世纪 80 年代前后，赶赴胡集书会的艺人也有三百多档。近年来，伴随着山东省对非物质文化遗产项目的重视，胡集书会重新焕发出生机，每年吸引大量说书艺人赶赴盛会。

（二）文化内涵丰富，艺术价值高

山东游艺民俗类非物质文化遗产项目的文化内涵十分丰富，艺术价值较高。

以胡集书会为例。

胡集书会的规模和影响颇大，除了山东德州、惠民当地的说书艺人济南、河北、北京、天津、内蒙古、辽宁、黑龙江、江苏、河南等地的说书艺人也纷纷带着乐器和行李赶赴盛会。胡集书会召开期间，曲艺表演形式极其多样，不仅有西河大鼓、梅花大鼓、沧州木板、毛竹板书、评书，还有渤海大鼓、山东快书、山东琴书、渔鼓琴书等（见表 8 -2），简直称得上是一场曲艺博览会。说书艺人们说唱的曲目均为传统书目中的精彩篇章，艺术价值极高，为当地百姓奉上了一场场文化盛会。

表 8－2　胡集书会上的部分曲艺艺术形式一览表

曲艺形式	特点	经典篇章
西河大鼓	·中国北方地区的鼓书暨鼓曲形式 ·以说唱中、长篇书目为主，唱腔简洁苍劲，风格似说似唱 ·表演形式为一人自击铜板和书鼓说唱，另有专人操三弦伴奏	《杨家将》《呼家将》等
梅花大鼓	·产生于清代中叶，流行于京津地区 ·曲调丰富，唱腔婉转，过板音乐花哨热闹 ·由一人或二人演唱，左手击打檀板，右手执鼓楗，击打书鼓 ·主要由三弦伴奏，四胡、琵琶辅助伴奏	《红楼梦》等词句文雅、情绪缠绵悱恻的段子
沧州木板大鼓	·起源于明末清初，产生于沧县民间 ·吐字行腔用地方语音，唱法质朴粗犷 ·表演时一人左手持木板，右手持鼓槌，站立说唱中轮番敲击木板和书鼓，另一人怀抱三弦伴奏，讲究“三分唱，七分弹”	《左传春秋》《吴越春秋》《英烈春秋》《薛家将》《杨家将》《呼家将》等
毛竹板书	·河北省流行较广的传统曲艺曲种之一 ·形式简单，表现力丰富，有众多板头和俏腔	《武松传》《左连城告状》等
评书	·故事性强，篇幅较长，人物众多、情节复杂但结构单纯 ·语言丰富，表演细致，人物性格鲜明突出 ·散说体与说唱体交错发展，艺人说书与文人创作交错发展	《济公传》《精忠传》《于公案》《施公案》《封神榜》《三侠五义》《隋唐演义》等
渤海大鼓	·流行于渤海湾地区的传统曲艺形式 ·唱腔高亢激昂，节奏明快 ·表演形式为一人说唱，配以鼓、板等打击乐器	地方历史故事、传说等
山东快书	·山东省的传统曲艺形式，以快板书为主，节奏明快，语言幽默风趣 ·多用于表演短小精悍的故事或段子	《武松打虎》《鲁达除霸》等
山东琴书	·山东省的传统曲艺形式，以唱为主，说为辅，表演时配以扬琴、坠琴、二胡等乐器 ·曲目内容广泛，包括历史故事、民间传说等	《梁祝下山》《白蛇传》等
渔鼓琴书	·流行于部分地区的传统曲艺形式，以渔鼓为主要伴奏乐器，配以三弦、二胡等 ·表演内容多为历史故事、民间故事等	地方特色故事等

第三节　山东游艺民俗类非遗项目的创新发展

近年来，伴随着山东当地人民生活水平的不断提升，山东游艺民俗类非物质文化遗产项目的创新发展迈入新的阶段。

一、借节庆赛事活动打造旅游品牌

游艺民俗具有较强的娱乐性和趣味性，其表现形式丰富多彩，能够营造轻松愉悦的氛围。山东游艺民俗类非物质文化遗产项目的创新发展过程中，通常与当地的旅游业相结合，发展各类节庆赛事活动，以扩大游艺民俗类非物质文化遗产项目的影响，同时打造山东当地的特色旅游项目。

（一）借胡集书会打造中国曲艺之乡品牌

胡集书会不仅是一项民俗类非物质文化遗产项目，其本身蕴含着丰富的文化意蕴。作为曲艺盛会，胡集书会既是曲艺从业者的盛会，更是曲艺受众的盛会。尤其是近年来，伴随着新技术的不断发展，各种娱乐设备层出不穷，电视、电脑、手机等电子设备在为人们提供方便的同时，也不免大量占用了人们的时间，导致许多传统曲艺形式逐渐走向没落。

而胡集书会具有广泛受众，还能够团结曲艺表演家，是名副其实的曲艺盛会。近年来，胡集书会所在的山东惠民县着力借胡集书会打造中国曲艺之乡的品牌，取得了较好效果。

以 2024 年胡集书会为例。

2024 年 2 月 21 日至 2 月 25 日，即农历正月十二至正月十六。不仅有主会场，还设立了 20 个“曲艺集市”小书场，共 296 个节目，参演民间艺人共计 415 人，涵盖兰州鼓子、通渭小曲戏、壶关鼓书、陕州锣鼓书、评弹、拉场戏、苗族嘎百福、太和清音、二人转、撸板呱嘴、四川竹琴、四川清音、辽河鼓词、绍兴莲花落、河南坠子、京韵大鼓、大同数来宝、相声、小品等63个曲种，涉及20余个省市的艺人。

除了说书艺术表演之外，2024年胡集书会还设立了13项曲艺演出和民俗活动，包括“乡风曲韵”2024年胡集书会全国美丽乡村优秀曲艺节目展演、全国“曲艺助力乡村振兴”座谈会、“文化进万家　欢乐过大年”市级精品节目展演、“书场打擂不夜城”胡集书会进景区活动、“村村有好戏”政府买单送书下村活动、“鼓乐欢腾闹元宵”民间文艺会演暨非物质文化遗产好品展销、“村村有好戏　曲艺进万家”省级精品曲艺节目展演、“赶黄河大集　品曲艺新韵”特色手造美食展、“鼓韵龙腾　曲山艺海”花灯展、“曲唱天下　艺汇乡村”——中国（胡集）曲艺摄影大赛暨第四届“我眼中的胡集书会”摄影展、“华灯初上　曲艺悠长”滨州黄河楼新春花灯艺术节等活动。

从上述活动的名称可以看出，主题活动除了曲艺表演之外，还包括戏曲、花灯、摄影、艺术节等娱乐活动，内容十分丰富，致力于打造曲艺之乡这一特色旅游品牌。

从2024年能集书会的举办结果来看，书会取得了较好成绩，主要表现在以下几个方面。

1. 注重挖掘胡集书会独特的地域文化价值

胡集书会作为山东惠民县独有的民俗类非物质文化遗产项目，其深厚的文化底蕴和广泛的影响力是打造中国曲艺之乡品牌的核心。胡集书会不仅承载了丰富的曲艺艺术传统，还体现了当地民众的文化认同和情感归属。通过深入挖掘胡集书会的地域文化特色，如历史渊源、艺术风格、传承方式等，可以使其在当今社会中焕发新的生机与活力，打造独树一帜的曲艺之乡品牌。

在2024年胡集书会的举办中，主办方特别注重展示来自不同省市的63个曲种，这些曲种来源于不同省份，各具特色、相互交融，共同构成了胡集书会多元而丰富的文化内涵。这种对地域文化价值的挖掘和展示，不仅能够增强胡集书会对大众吸引力，也能够促进各地曲艺文化的交流与传播。

2. 打造开放与包容的书会环境

胡集书会之所以能够持续繁荣，与其开放与包容的环境密不可分。在胡集书会中，无论是知名的曲艺表演家还是普通的民间艺人，都能找到展示自己的舞台。这种开放和包容的环境鼓励了曲艺艺术的创新与发展，也为观众提供了更多元化的艺术享受。

在 2024 年胡集书会的组织上，主办方通过设立多个分会场和“曲艺集市”小书场，为更多艺人提供了表演机会，同时也为观众提供了更多选择。此外，书会还举办了多项民俗活动和娱乐活动，如花灯展、摄影展等，进一步丰富了书会的内容，营造了更加开放与包容的氛围。

3. 注重创造性转化和创新性发展

在胡集书会的创新发展过程中，创造性转化和创新性发展是关键。传统曲艺艺术需要在保留其精髓的基础上，与现代审美和市场需求相结合，才能焕发新的活力。

在 2024 年胡集书会中，主办方通过引入新技术、新媒介等方式，提高了书会的传播力和影响力。

例如，利用互联网和社交媒体平台对书会进行宣传报道，让更多人了解并关注胡集书会；同时，通过线上线下相结合的方式举办活动，吸引了更多年轻观众的参与。

此外，当地政府在借助胡集书会打造曲艺之乡品牌的同时，还注重创新“书会 +”的理念，将胡集书会这一传统民俗非物质文化遗产项目与旅游、商业等行业的融合发展，通过打造特色旅游项目、开发文创产品等方式，实现曲艺文化的经济价值和社会价值的双重提升。

当地政府有关部门，在胡集书会期间，调整公交线路，增加交通运力，安排 5 部接驳车辆，往返接送游客，招手即停，充分保障了游客在书会期间的出行便利。这些便民政策，能够极大提升本地居民的幸福感，提升游客的良好体验。

（二）借恩城鸽子会打造中国千年鸽乡品牌

恩城鸽子会是山东省平原县的非物质文化遗产项目，平原县作为山东古县之一，拥有悠久的历史和丰富的旅游资源。而恩城鸽子会历史悠久，吸引了全国各地的养鸽爱好者和商家纷至沓来。近年来，山东平原县借助恩鸽子会非物质文化遗产项目打造中国千年鸽乡品牌，取得了不错的成绩。

以 2024 年恩城鸽子会为例。

2024 年平原·恩城鸽子会于 2024 年 2 月 17 日（正月初八）至 2 月 22 日（正月十三），持续五天，分类设置了观赏鸽、信鸽、肉鸽等七大区域，涵盖了鸽子、鸽药、鸽具、非物质文化遗产展品等 2000 多个摊位，展示本地鲁北大鼓、签子馒头等 56 项非物质文化遗产文化项目，融入招才引智、惠民惠企、营商环境推介等元素。除此之外，鸽子会还邀请多名网红现场直播，进行线上交易。

为了成功打造中国千年鸽乡的品牌，平原县还面向全省征集“平鸽鸽”系列鸽子卡通玩偶，将鸽子与啤酒、音乐、旅游相融合，打造“鸽子 +”文化品牌，为传统鸽子文化注入新活力，取得了不错的成就。

二、借民俗类非物质文化遗产项目打造特色产业

山东省游艺民俗类非物质文化遗产项目具有较强的地域特色。例如，菏泽地处平原，土地肥沃，水系发达，自古以来农业和畜牧业即十分发达，菏泽斗羊应运而生，成为当地的特色游艺民俗类非物质文化遗产项目。而宁阳自古以来就盛产蟋蟀，成就了宁阳斗蟋的特色民俗类非物质文化遗产项目。

近年来，山东省各地借助游艺民俗类非物质文化遗产项目打造特色产业取得了不错的效果。

（一）借恩城鸽子会发展乡村特色养殖产业

恩城鸽子会不仅是一项重要的民俗非物质文化遗产项目，还是平原县发展特色养殖业的基础。平原县的鸽子养殖历史悠久，可以追溯到唐宋时

期。明代时期，平原县的鸽子养殖形成了一定的规模。

改革开放以来，平原县大力发展乡村特色养殖产业，尤其是近年来，当地按照“政府引导、群众自愿、市场运作”的方式，采取“区域党建联合体 + 龙头企业 + 合作社 + 农户”运作模式，加强龙头企业与农户的利益联结，做大做强肉鸽标准化养殖产业，让肉鸽养殖成为企业增效、集体增收、群众致富的“金鸽子”。

（二）借赏石艺术发展奇石产业

李岭村濒临山区，地少石多，无论村中还是田中都埋藏着大大小小的石块。自 2014 年 9 月 3 日，天然奇石被列入中国非物质文化遗产以来，当地利用山地资源优势发展奇石产业，并逐渐形成了一定规模，成了远近闻名的奇石村。

自 2019 年开始，李岭村成立了李岭奇石销售农民专业合作社，并将赏石艺术申报为市级非物质文化遗产，建立了总面积超过 500 平方米的奇石文化馆，内有大众奇石、根雕和精品奇石三个展厅，共展出十二生肖和奇石宴等各类大小精品奇石 300 余块、根雕 30 余个，室外石博园展示各类大中型奇石 2000 余块。此外，李岭村内小广场与道路两侧展示了各类大中型奇石，其中不乏灵璧奇石、黄河奇石、玉化石等稀有种类。

借助赏石艺术民俗，李岭村的奇石产业发展迅速，成为远近闻名的“奇石村”。

第九章　山东民俗类非遗项目传承与创新的挑战与对策

山东民俗类非物质文化遗产项目的传承与创新，不仅关系着这些宝贵文化遗产的存续与发展，更是弘扬中华优秀传统文化、增强民族文化自信、促进文化多样性和可持续发展的关键环节。现阶段，山东民俗类非物质文化遗产项目的传承与创新还面临着诸多挑战。

第一节　山东民俗类非遗项目传承与创新的挑战

山东民俗类非物质文化遗产项目作为活态文化遗产，其保护、传承、创新与发展面临的挑战主要表现在以下几个方面。

一、系统性的规划和资金保障挑战

我国有关部门对非物质文化遗产的保护十分重视，2005 年国务院即发布了《加强文化遗产保护的通知》；2011 年我国出台了《中华人民共和国非物质文化遗产法》，截至 2024 年，我国已先后公布了五批国家级非物质文化遗产代表性项目名录，山东省也公布了五批省级非物质文化遗产代表性项目名录。

尽管如此，山东省民俗类非物质文化遗产项目创新与发展仍然面临着缺乏系统性的规划和资金等保障支持的挑战。主要表现在以下两个方面。

（一）系统性规划不足

民俗类非物质文化遗产项目与其他非物质文化遗产项目不同，其具有显著的地域性，深深地根植于特定的地域文化之中，与当地的历史、宗教、信仰、生活习惯等紧密相连。地域性虽然使民俗类非物质文化遗产项目呈现出更加多样化的民俗事象，然而在对民俗类非物质文化遗产项目进行创新与发展的过程中，却难以形成区域内统一的系统性规划。

以山东省民俗类非物质文化遗产项目为例。

山东省民俗类非物质文化遗产项目的类型十分多样，仅国家级民俗类非物质文化遗产项目就有 14 项，省级民俗类非物质文化遗产项目有数十项，市级民俗类非物质文化遗产项目数百项，区县级民俗类非物质文化遗产项目的数量更多。

这些民俗类非物质文化遗产项目的级别不同，其创新与发展过程中受到的重视程度也不尽相同。其中，一些知名度高、影响力大的民俗活动容易获得政府和社会各界的关注和支持，而一些小众或边缘化的民俗活动则可能面临资金短缺、资源匮乏的困境。这种不均衡的分配状况进一步加剧了系统性规划的不足和困难。

（二）资金保障困境

民俗类非物质文化遗产项目依赖于口头传承和行为传承，具有群体性的特点，对原生环境的依赖性较强。而民俗类非物质文化遗产项目的创新发展是一个长期而复杂的过程，需要政府、社会组织和传承人等多方面的共同努力和大量资金投入。

为了保留民俗类非物质文化遗产项目的原始形态和文化内涵，需要进行详细的整理、记录，包括收集口述历史、拍摄影像资料、建立档案和数据库等，这些都需要专业的设备和人力资源、资金投入。

此外，传承人是民俗类非物质文化遗产项目的核心，其生活和传承活动需要必要的传承工具、材料，以及各种培训与交流活动，这些均需要大量资金的保障。

为了推动民俗类非物质文化遗产项目的创新发展，非物质文化遗产传承人以及项目开发与创新团队，需要对相应的民俗类非物质文化遗产项目进行深入的研究和开发工作。其中包括对民俗类非物质文化遗产项目中涉及的传统技艺的改良、新产品的研发、市场推广策略的制定等，这些都需要专业的团队和资金支持，必须建立个完善的资金保障体系，才能切实保障民俗类非物质文化遗产项目的创新与发展，而实际上，现阶段这一资金保障体系并未完全建立起来。因此，民俗类非物质文化遗产项目的创新与发展面临着一定的资金保障困境。

二、非物质文化遗产传承人自身挑战

非物质文化遗产传承人是民俗类非物质文化遗产项目创新与发展的关键因素，现阶段山东境内的民俗类非物质文化遗产传承人也面临着一定的困境。

（一）非物质文化遗产传承人老龄化挑战

以 2023 年山东省第六批省级非物质文化遗产代表性传承人名单中的民俗类非物质文化遗产传承人信息（见表 9－1）为例。

表 9－1　山东省第六批省级民俗类非物质文化遗产代表性传承人名单一览表

姓名	出生年月	项目名称	申报地区或单位
李乃东	1940.01	民间信俗（中元节习俗）	济南市莱芜区
王鹏	1964.05	民间食俗（四四席食俗）	淄博市博山区
王春成	1953.10	民间信俗（红光祭海节）	东营市垦利区
董伟	1969.04	祭孟大典	邹城市
于建洋	1965.06	民间食俗（胶东饺子食俗）	荣成市

续表

姓名	出生年月	项目名称	申报地区或单位
张蓬勃	1967.09	民间食俗（胶东沿海八仙筵习）	荣成市
林荣涛	1970.12	胶东花饽饽习俗	威海市文登区
陈方彬	1953.08	民间风俗（宁津斗蟋风俗）	宁津县
赵光星	1952.06	民间习俗（泰山文石鉴赏习俗）	山东省体育局

从表9－1中可以看出，山东省第六批省级非物质文化遗产代表性传承人名单中的民俗类非物质文化遗产传承人大多数年龄偏大，面临着老龄化困境。而随着传承人年龄的增长，其身体状况和传承能力可能会逐渐下降，增加了非物质文化遗产项目失传的风险。同时，非物质文化遗产传承人老龄化趋势可能导致传承人的创新能力和市场适应能力下降，影响非物质文化遗产项目的创新与发展。

（二）非物质文化遗产传承人青黄不接挑战

老一辈的非物质文化遗产传承人呈现出整体老龄化趋势，然而年青一代受现代审美思想和价值观，以及生活压力的影响，对传统民俗类非物质文化遗产项目的认知度有限，兴趣相对不足，加之民俗类非物质文化遗产项目技艺的学习周期长、难度大、回报率低，难以吸引年轻人的关注和参与。这些均导致民俗类非物质文化遗产传承人面临青黄不接的困境。

三、民俗类非物质文化遗产项目创新能力挑战

山东省是名副其实的非物质文化遗产大省，民俗类非物质文化遗产资源十分丰富，而在文旅融合的大背景下，民俗类非物质文化遗产在文化旅游中的作用越来越重要。其民族性、历史性、地域性、群体性等特征能够使文化旅游实现“那山、那水、那空气，见人、见物、见生活”的活化体验。

然而，现阶段山东省民俗类非物质文化遗产项目的创新能力却面临着一定的挑战。

（一）民俗类非物质文化遗产项目创新模式不足

民俗类非物质文化遗产项目作为民俗文化的载体，与旅游业之间存在着高度的契合性。

民俗类非物质文化遗产项目蕴含着丰富的文化内涵和深厚的历史底蕴，其展现了特定地区、特定民族或社群的生活方式、信仰体系、价值观念等。这种独特性和深度正是现代旅游业所追求的“体验式旅游”和“文化旅游”的核心。游客通过参与和体验这些非物质文化遗产项目，能够深入了解当地的文化传统，获得独特的文化体验，实现文化+旅游的双赢。

此外，民俗类非物质文化遗产项目的传承以活化传承为主，而活化传承并不仅仅是简单的技艺展示或文化传承，更是一种生动的场景再现。将民俗类非物质文化遗产项目融入旅游线路中，游客可以亲身体验到民俗类非物质文化遗产项目独特的魅力，如学习手工艺、品尝传统美食、参与民俗活动等。这种亲身参与和体验的方式，不仅能够增强游客的参与感和满足感，也能够促进民俗类非物质文化遗产项目的传承和发展。

然而，现阶段，山东省民俗类非物质文化遗产项目的创新模式却相对不足。许多民俗类非物质文化遗产项目具有较强的特色，然而其开发模式却千篇一律，没有体现出项目自身的文化魅力。

（二）民俗类非遗项目与旅游的融合深度不足

在文旅融合的大趋势下，“非遗+旅游”已经成为民俗类非遗目开发与创新的主要路径，然而现阶段，山东民俗类非物质文化遗产项目与旅游的融合深度存在一定的偏差。

山东作为非物质文化遗产大省，拥有丰富的民俗类非遗资源，但在与旅游业的融合过程中，这些资源的独特性和深度并未得到充分展现。许多民俗类非遗项目被简单地视为旅游景点的附加品或宣传手段，而非作为文化旅游的核心内容进行充分的开发与打造。这种浅层次的“非遗+旅游”

融合方式，导致了山东民俗类非遗旅游产品普遍趋于同质化和商业化倾向，游客难以从中获得深刻的民俗文化体验和感受。

旅游企业在借助民俗类非遗项目推动“非遗+旅游”时，往往只关注短期效益和市场热点，缺乏对非遗项目的深入理解和文化挖掘。这就导致许多民俗类非遗项目在旅游开发中被片面利用，其文化内涵和价值未能得到全面展现和传播，且存在一定的价值偏离的现象。这不仅不利于民俗类非遗项目的保护与传承，而且也不利于民俗类非遗旅游产品的创新和升级。

民俗类非遗传承人作为非遗领域的专家，对民俗类非遗项目有着深厚的感情和独到的见解，但其往往缺乏旅游市场的经验和知识，难以将民俗类非遗资源与旅游市场有效对接。而旅游企业则更侧重于商业运作和市场需求，对民俗类非遗项目的文化内涵和价值关注不够。这种信息不对称和合作机制的缺失，使得非物质文化遗产与旅游的融合难以深入。

此外，政府、传承人、旅游企业和社区等多方主体之间的利益诉求不同，难以形成合力推动非物质文化遗产与旅游的深度融合。民俗类非物质文化遗产文化的特殊性和限制性也影响了其与旅游的深度融合。由于民俗类非物质文化遗产项目具有鲜明的地域性特点，一些民俗类非物质文化遗产项目只能在特定的地区、场合和时间展示，这在一定程度上增加了旅游开发的难度和成本。

第二节　山东民俗类非遗项目传承与创新的对策

鉴于山东民俗类非物质文化遗产项目创新与发展面临的种种挑战，未来，山东民俗类非遗项目与旅游的深度融合可从以下几个方面着手。

一、构建民俗类非遗传承与创新体系

构建民俗类非物质文化遗产项目的传承与创新体系，是一项复杂而系

统的工程，需要政府、传承人、企业、社区等多方主体的共同努力与协作。

（一）加强政策引导与支持

自21世纪以来，山东省出台了一系列非遗保护、传承与开发的相关政策。

2005年，山东省人民政府办公厅发布《山东省人民政府办公厅关于贯彻国办发〔2005〕18号文件做好我省非物质文化遗产保护工作的通知》。2006年，山东省人民政府发布了《关于公布第一批省级非物质文化遗产名录的通知》，要求各地、各有关部门充分认识做好非物质文化遗产保护工作的重要性和必要性，认真贯彻"保护为主、抢救第一、合理利用、传承发展"的工作方针，按照"政府主导、社会参与、统筹规划、分步实施"的原则，切实做好非物质文化遗产的保护、管理和合理利用工作。

从2006年始至2022年，山东省人民政府先后发布了五批省级非物质文化遗产保护名录。

2015年，山东省十二届人大常委会第16次会议通过了《山东省非物质文化遗产条例》，其中指出，要继承和弘扬中华优秀传统文化，加强非物质文化遗产保护、保存工作。

2021年，山东省文化和旅游厅印发《山东省省级非物质文化遗产代表性传承人认定与管理办法》，其中指出，有效促进山东省级非物质文化遗产代表性传承人队伍的建设与管理工作，进一步提升山东省非物质文化遗产系统性保护水平。

2022年，山东省文化和旅游厅发布《山东省"十四五"非物质文化遗产保护规划》，其中指出到"十四五"末，全省非物质文化遗产保护的体制机制进一步健全，工作制度科学规范、运行有效。其特别指出非物质文化遗产助力乡村振兴、非物质文化遗产与旅游融合发展展现新作为。

2022年，山东省文化和旅游厅等22部门联合印发《关于进一步加强非物质文化遗产保护工作的若干措施》，其中指出要打造山东非物质文化遗产保护特色品牌，健全非物质文化遗产保护传承体系，提高非物质文化遗产保护传承水平，加大非物质文化遗产传播弘扬力度。

与此同时，山东省有关部门还发布了一系列旅游业发展政策。

2017 年，山东省人民政府办公厅印发《加快推进十大文化旅游目的地品牌建设实施方案的通知》，其中指出，要加快建设东方圣地、仙境海岸、平安泰山、泉城济南、齐国故都、鲁风运河、水浒故里、黄河入海、亲情沂蒙、鸢都龙城等十大文化旅游目的地品牌。

2024 年山东省人民政府办公厅印发《山东省旅游服务质量提升行动实施方案（2024—2026 年）的通知》，其中指出要打造一批旅游服务产品。开展“乐宿山东”行动、着力打造“美食山东”品牌、大力实施“景区焕新”工程、创新开发“畅游齐鲁”产品、构建“山东有礼”旅游商品体系。

2024 年，山东省政府印发《完善现代旅游业体系　加快旅游强省建设的行动方案（2024—2027 年）》，其中指出到 2027 年，全省年接待游客超过 10 亿人次、旅游总收入达到 1. 3 万亿元，旅游及相关产业增加值占 GDP 比重超过 5. 2%。

这些政策对非物质文化遗产的保护与开发，非遗与旅游的深度融合提出了方向，然而在如何推进文旅融合，以非物质文化遗产带动旅游业方向还存在一定的空白。因此，未来有关部门应当将非遗 + 旅游的相关政策落到实处，为民俗类非物质文化遗产项目的创新与发展指明方向。

（二）加大资金保障

针对民俗类非物质文化遗产项目在非遗与旅游深度融合中的资金不足现象，有关部门应当设立专项基金，用于支持民俗类非遗项目的调查、记录、研究、传承、传播和创新发展。

例如，从现有的各级民俗类非物质文化遗产项目中筛选出符合当代价值观、适合进行文旅融合的项目，设立专门资金，为其创新与发展提供必要的资金保障。

同时，对该项目非遗传承人给予一定的支持，切实减轻其生活压力，使该项目非遗传承人能够投入更多精力进行非遗项目的传承与教学，不断扩大该项目的社会影响力，为该项目的旅游开发提供必要的传承人保障。

在此基础上，鼓励社会资本积极参与山东民俗非遗的保护与创新，以进一步拓宽资金渠道。通过政策引导、税收优惠、项目合作等多种方式，吸引企业、社会组织及个人投资非遗项目，形成政府主导、社会参与的多元化投入机制。这样不仅能够缓解政府财政压力，还能为非遗保护注入新的活力与创意，从而推动非遗项目与旅游、教育、科技等多领域深度融合，实现经济效益与社会效益的双赢。

二、构建开放的传承人体系

面对民俗类非物质文化遗产传承人老龄化挑战，有关部门应当构建开放的传承人体系。

（一）创新传承人体系

打破传统的民俗类非遗项目传承人的种种局限，建立现代师徒制度。通过设立专项基金、提供奖学金、举办培训班等方式，鼓励和支持年轻人学习非物质文化遗产技艺，成为新的传承人。

通过媒体宣传、学校教育等多种渠道，提高公众对非物质文化遗产项目的认知度和兴趣，吸引更多年轻人参与到非物质文化遗产传承中来。此外，政府有关部门还应当出台相关政策，对非物质文化遗产传承给予税收减免、资金补贴等支持，为传承人提供更好的工作和生活条件。同时，可以建立非物质文化遗产传承人认定和奖励机制，激发传承人的积极性和创造性。

（二）培养专业的非遗人才

非物质文化遗产与旅游深度融合的时代背景，对非物质文化遗产和旅游人才的培养提出了更高要求。

一方面，非物质文化遗产保护人才需要了解旅游行业特点、政策法规、运营模式、游客需求等，提高传承传播非物质文化遗产的意识和能力。另一方面，旅游业人才，也要了解非物质文化遗产法律法规、知识内涵和保护理念，只有这样，才能提高在旅游中合理利用和传播非物质文化遗产的意识和能力，发自内心地欣赏、尊重、认同和传播非物质文化遗产。

2021 年 3 月，教育部公布了 2020 年度普通高等学校本科专业备案和审批结果，其中《列入普通高等学校本科专业目录的新专业名单（2021年)》中的艺术学门类中，新增了非物质文化遗产保护专业。

2021 年 8 月，中共中央办公厅、国务院办公厅印发《关于进一步加强非物质文化遗产保护工作的意见》，明确提出，“将非物质文化遗产内容贯穿国民教育始终”“加强高校非物质文化遗产学科体系和专业建设，支持有条件的高校自主增设硕士点和博士点”等，这也为高校开设“非遗”保护相关专业创造出良好条件。

2024 年，全国第一家文化遗产领域的卓越工程学院——北京联合大学文化遗产卓越工程师学院挂牌成立，成为全国首个高校里的“文化遗产”类学院。

在此基础上，有关部门还应加强非物质文化遗产传承人和旅游业从业者的双向培训，唯其如此才能培养出掌握旅游业先进理论知识和实践经验的非遗产人才，助力非物质文化遗产与旅游的深度融合。

三、以文化创意激活民俗类非遗旅游

以文化创意激活山东民俗类非遗项目旅游，能够避免民俗类非遗旅游产品的同质化，提升旅游产品的独特魅力。

（一）深入挖掘非遗文化内涵，打造特色文化 IP

对山东民俗类非物质文化遗产项目进行全面的调研与挖掘，充分了解其历史渊源、文化内涵、技艺特点等，为后续的创意开发提供丰富的素材和灵感。在此基础上，选取具有代表性和市场潜力的民俗类非物质文化遗产项目，通过创意设计、故事讲述等方式，打造具有鲜明地域特色和文化底蕴的特色文化 IP。

例如，青岛里院既是青岛特色民居建筑，又承载着近代青岛独特的集贸民俗文化，今后应在充分挖掘青岛里院所包含的物质和非物质文化内涵后，借助符合年青一代审美观和旅游方式的创意，打造具有深刻而丰富的文化内涵的历史街区，为青岛增添特色 IP。

又如，借助李村大集、黄河大集等乡村大集之类的聚众性较强、知名度较高的民俗类非遗项目，打造特色节庆活动，打造具有地域特色的文化 IP。

（二）创新非遗展示方式，提升旅游体验

民俗类非遗与旅游深度结合具有多种形式，在充分挖掘民俗类非遗项目内涵的基础上创新非遗项目展示方式，能够为游客提供真实、生动的民俗体验。

1. 设立民俗类非遗体验基地

民俗类非遗体验基地或文化生态保护区，是以丰富的民俗资源作为基础，精心仿照这些民俗资源所特有的生存环境，同时巧妙融合现代旅游业的发展特点而打造的综合性文化旅游项目。其旨在通过还原或再现民俗文化的真实场景，让游客在体验中深入了解民俗文化的内涵，感受其独特的魅力。

2023 年山东省文化和旅游厅发布通知，公布了 13 个山东省非物质文化遗产旅游体验基地推荐名单。

（1）淄博市陶琉国艺馆。

（2）滕州市非物质文化遗产传承教育实践基地。

（3）利津县老街长巷非物质文化遗产街区。

（4）烟台市非物质文化遗产体验馆。

（5）中国龙口粉丝博物馆。

（6）潍坊十笏园非物质文化遗产空间。

（7）潍坊杨家埠民间艺术大观园。

（8）东平县大运河非物质文化遗产传习中心。

（9）文登金长林花饽饽体验基地。

（10）宁津德百杂技蟋蟀谷。

（11）德州董子文化街。

（12）东阿阿胶世界。

（13）菏泽非物质文化遗产传承馆。

以文登金长林花饽饽体验基地为例。

胶东花饽饽习俗是山东省级非物质文化遗产，也是山东多地流行的特色饮食民俗。文登金长林花饽饽体验基地坐落在文登花饽饽孵化产业园内，内设花饽饽共建实验室、花饽饽创新研发中心、花饽饽主题公园等。其中，在基地的教学体验区，游客可以体验和面、揉面、塑型等花饽饽制作环节，通过互动与参与的方式，真切地感受花饽饽的历史价值和文化价值。

2. 借助现代技术，打造沉浸式体验新场景

利用现代科技手段，如虚拟现实（VR）、增强现实（AR）等，为游客提供沉浸式的民俗非遗体验。例如，在景区内设置 VR 体验区，让游客身临其境地感受民俗类非遗的方方面面。或者通过 AR 技术，结合非遗文化节、非遗市集等活动，使游客在游览过程中与各种民俗类非遗元素进行互动，为游客提供沉浸式民俗类非遗游览。

此外，还可以组织非遗传承人现场展示和教授非遗技艺，让游客在参与中学习和体验非遗文化的魅力。

（三）构建完善的民俗类非遗旅游产业链

民俗类非遗与旅游的深度融合是一个系统工程，只有构建起完善的民俗类非遗旅游产业链，才能确保两者的融合既具有深度又具备可持续性，从而实现民俗类非遗文化保护与传承与旅游发展的双赢。

1. 创新民俗类旅游产品

民俗旅游产品是一种特殊的旅游产品，也是游客到旅游目的地消费的主要对象。随着旅游市场的不断发展和游客需求的日益多样化，民俗类旅游产品也需要不断创新，以满足游客对新鲜、独特、文化内涵丰富的旅游体验的追求。

民俗类旅游产品除了传统的民俗节庆活动、非遗基地、研学基地等之外，还可以与农业、体育等产业的跨界融合，开发出集观光、休闲、娱乐、体验于一体的复合型旅游产品，以满足游客的不同的旅游需求。

2. 培育民俗 + 旅游特色线路

培育民俗 + 旅游特色线路是提升旅游体验、促进文化传承与旅游融合发展的重要途径。

2024 年，山东省公布了 17 条非遗旅游线路（见附录Ⅱ），这些非遗旅游线路中包含着大量特色民俗文化。例如，宁阳斗蟋民俗、茶礼民俗、饮食民俗等。这些民俗与特色技艺、建筑等融合在一起能够为游客带来极具地域色彩和风情的旅游体验。

3. 开发民俗类非遗文创产品

民俗类非遗文创产品是民俗类非遗文化的理想载体，其不仅承载着丰富的文化内涵和历史记忆，还能够以现代审美和实用性的方式呈现给大众，促进非遗文化的传承与普及，另外还具有较强的经济价值和社会传播价值。

在开发民俗类非遗文创产品的过程中，应当深入挖掘非遗文化的精髓，将其独特的文化内涵和历史记忆融入产品设计中。

此外，注重实用与现代审美的结合，开发符合现代人审美、具有较强的时代感和时尚感的产品，同时也要注重产品的实用性，只有这样才能让民俗类非遗不再仅仅停留在历史的尘埃中，而是能够融入现代生活，成为人们生活的一部分，达到民俗类非遗活态传承的目的。

参考文献

[1] 山曼，李万鹏，姜文华，等. 山东民俗 [M]. 济南：山东友谊出版社，1988.

[2] 吴泽霖：人类学词典 [M]. 上海：上海辞书出版社，1991.

[3] 秦永洲. 中国社会风俗史 [M]. 济南：山东人民出版社，2000.

[4] 叶涛，刁统菊. 山东民俗 [M]. 兰州：甘肃人民出版社，2004.

[5] 山曼，孙丽华. 齐鲁民俗 [M]. 济南：山东文艺出版社，2004.

[6] 北京未来新世纪教育科学发展中心. 齐风鲁韵山东文化 [M]. 呼和浩特：远方出版社，2004.

[7] 崂山区史志办公室. 崂山民俗志 [M]. 北京：五洲传播出版社，2005.

[8] 林继富，王丹. 解释民俗学 [M]. 武汉：华中师范大学出版社，2006.

[9] 叶涛. 中国民俗 [M]. 北京：中国社会出版社，2006.

[10] 中国艺术研究院，中国非物质文化遗产保护中心. 中国非物质文化遗产普查工作手册 [M]. 北京：文化艺术出版社，2007.

[11] 谌黔萍. 商务文化概论 [M]. 北京：中国商务出版社，2008.

[12] 曲金良. 中国民俗知识山东民俗 [M]. 兰州：甘肃人民出版社，2008.

[13] 李梅凤. 山东民俗文化与民间艺术 [M]. 济南：山东美术出版社，2008.

[14] 苑利，顾军. 非物质文化遗产学 [M]. 北京：高等教育出版

社，2009.

［15］钟敬文．民俗学概论［M］．北京：高等教育出版社，2010.

［16］沙雪斌．薛城民俗［M］．济南：山东友谊出版社，2010.

［17］涂可国．鲁商文化概论［M］．济南：山东人民出版社，2010.

［18］刘德增．山东移民史［M］．济南：山东人民出版社，2011.

［19］南快莫德格，迪木拉提·奥迈尔．蒙古语族诸民族民俗概论［M］．北京：民族出版社，2011.

［20］付玉坤．山东民俗体育［M］．济南：山东教育出版社，2012.

［21］付玉坤．民俗体育研究［M］．济南：山东教育出版社，2012.

［22］潘红春，戴永夏．山东民俗琐话［M］．济南：济南出版社，2012.

［23］王文章．非物质文化遗产概论［M］．北京：教育科学出版社，2013.

［24］巴兆祥．中国民俗旅游新编［M］.2版．福州：福建人民出版社，2013.

［25］李春光．山东民俗体育文化研究［M］．北京：科学技术文献出版社，2013.

［26］《海陆丰历史文化丛书》编纂委员会．海陆丰历史文化丛书民间风俗：第8卷［M］．广州：广东人民出版社，2013.

［27］宋俊华，王开桃．非物质文化遗产保护研究［M］．广州：中山大学出版社，2013.

［28］荣新，张礼敏，张萌．图说山东民俗［M］．济南：山东美术出版社，2014.

［29］乌丙安．中国民俗学［M］．长春：长春出版社，2014.

［30］王辉．中国古代民俗［M］．北京：中国商业出版社，2015.

［31］周立升，蔡德贵．齐鲁文化通论：下［M］．济南：山东人民出版社，2015.

［32］付立金，白刚勋．海洋文化［M］．青岛：中国海洋大学出版

社，2015.

［33］阎良区政协文史法制侨务委员会．关中山东移民［M］．西安：三秦出版社，2015.

［34］佩赛特，马德尔．世界城镇化建设理论与技术译丛古迹维护原则与实务［M］．武汉：华中科技大学出版社，2015.

［35］高善东．邹鲁民俗［M］．济南：齐鲁书社，2016.

［36］赵学法．泰山文化举要［M］．下部．长春：吉林人民出版社，2016.

［37］戴瑞敏．乡村记忆山东农村民俗资源旅游开发研究［M］．北京理工大学出版社，2016.

［38］山东省地方史志编纂委员会．山东省志民俗志：1840—2005［M］．上卷．济南：山东人民出版社，2016.

［39］林凡军，何秀丽．山东民间文学与民俗集要［M］．济南：山东人民出版社，2017.

［40］谢静．中国传统饮食文化文献研究［M］．北京：中国广播影视出版社，2017.

［41］李登春．河东民俗［M］．济南：济南出版社，2018.

［42］罗映堂．慈溪民俗［M］．宁波：宁波出版社，2018.

［43］李国琳．山东省级非物质文化遗产普及读本民俗卷：上卷［M］．济南：济南出版社，2018.

［44］李国琳．山东省级非物质文化遗产普及读本民俗卷：下卷［M］．济南：济南出版社，2018.

［45］鞠桂芹，杨朝明，孙中升．齐鲁传统文化［M］．济南：济南出版社，2018.

［46］山东省文化和旅游厅．山东省级非物质文化遗产普及读本传统舞蹈卷：上卷［M］．济南：济南出版社，2019.

［47］张士闪．礼与俗在田野中理解中国［M］．济南：齐鲁书社，2019.

［48］赵世瑜，张士闪．礼俗互动中国社会与文化的整合［M］．济南：齐鲁书社，2019.

［49］赵玉良，窦爽．浑河精韵［M］．太原：北岳文艺出版社，2019.

［50］崔璨．我国文化遗产法律保护研究［M］．上海：上海三联书店，2019.

［51］徐赣丽．迈向现代民俗学［M］．北京：中国社会出版社，2020.

［52］李文杰．胶东传统村落与民居空间的再生叙事研究［M］．北京：新华出版社，2020.

［53］张焱．儒风望岳：山东文化创意产品设计策略与案例研究［M］．北京：中国轻工业出版社，2020.

［54］丁虹．非物质文化遗产数字化研究［M］．昆明：云南美术出版社，2021.

［55］王霄冰，胡玉福．非物质文化遗产保护标准研究资料汇编［M］．广州：中山大学出版社，2021.

［56］杨柏岭，张泉泉．文化与传播十五讲［M］．合肥：中国科学技术大学出版社，2022.

［57］张冬青，何英总．客家与民俗［M］．福州：海峡文艺出版社，2022.

［58］李秀梅．国有企业红色文化研究［M］．北京：中国经济出版社，2022.

［59］林岳新．新媒体时代青少年国家认同［M］．北京：光明日报出版社，2022.

［60］刘廷新．后申遗时期江苏曲艺类非遗的现状考察与活态传承［M］．长春：吉林大学出版社，2022.

［61］张晓明．淄博民俗志［M］．济南：山东人民出版社，2023.

［62］梁起峰．中国传统节日的文化价值研究［M］．北京：北京工业大学出版社，2023.

［63］戴昭铭．文化语言学导论［M］．增订版．北京：商务印书馆，2023.

［64］郑民德．大运河历史文化故事［M］．济南：山东文艺出版社，2023.

［65］赵建民，郭志刚．齐鲁饮食民俗文化资源在现代旅游业中的开发利用［J］．饮食文化研究，2005（1）：76－83.

［66］王钦鸿．山东省民俗文化产业可持续发展的思考［J］．山东社会科学，2006（7）：127－130.

［67］梅红霞．浅析淄博市旅游业发展中民俗文化的开发［J］．沈阳建筑大学学报（社会科学版），2009，11（3）：363－365.

［68］李新．珠算史的三大转折点［J］．珠算与珠心算，2010（3）：51－52.

［69］梅振华．商业古镇休闲旅游产业发展路径探索［J］．商业时代，2010（24）：128－129.

［70］秦炳贞．山东方志所见岁时饮食习俗的文化解读［J］．民俗研究，2010（3）：243－252.

［71］刘德龙．齐鲁文化与山东民俗［J］．齐鲁艺苑，2011（6）：4－11.

［72］赵心宪．关于民俗类国家级“非遗”再分类必要性的思考——以秀山花灯为例［J］．中南民族大学学报（人文社会科学版），2012（5）：58－66.

［73］姜歆．回族民间商业中的集市贸易［J］．宁夏史志，2012（6）：14－17.

［74］曾亚玲，柏雪．山东省民俗旅游的产品类型及特点分析［J］．锦绣，2012（12）：71.

［75］黄永林，王伟杰．数字化传承视域下我国非物质文化遗产分类体系的重构［J］．西南民族大学学报：人文社会科学版，2013（8）：165－171.

［76］红梅．淄博周村古商城文化产业化发展策略初探［J］．吉林艺

术学院学报，2013（4）：49－51.

［77］车晓君．山东省民俗旅游资源开发研究［J］．首都师范大学学报（自然科学版），2013（4）：58－63.

［78］邵世英．论山东海洋民俗的旅游开发［J］．旅游纵览（下半月），2013（24）：163－164.

［79］戴瑞敏．基于人类学视角下山东民俗旅游发展研究——以山东长岛为例［J］．旅游世界（旅游发展研究），2015（5）：43－49.

［80］宋宁而，贺柳笛．从渔民节到赶海节：山东半岛刘家湾海洋民俗文化的变迁［J］．中国海洋社会学研究，2015（3）：66－79.

［81］柳敏．胶东半岛海洋文化旅游资源及开发建议［J］．四川旅游学院学报，2015（3）：49－51，59.

［82］马婷婷，周新辉．民俗旅游的人文价值及其评估方法——以山东民俗村为例［J］．安徽农业科学，2015（21）：211－213.

［83］鲁春晓．潍坊海盐文化旅游开发刍议［J］．泰山学院学报，2015（1）：139－144.

［84］彭白雪，冯珍．古商城的开发与保护——周村古商城［J］．商，2015（37）：269.

［85］赵圆圆．威海市海洋民俗旅游发展探析［J］．农村经济与科技，2016（4）：28－30.

［86］彭卫丽．青岛海洋民俗文化与旅游产业链研究［J］．中国民族博览，2016（4）：63－64.

［87］黄小蕾．山东民俗文化在乡村旅游民宿设计中的应用研究［J］．艺术科技，2017（8）：100.

［88］李守红．山东民俗故事的数字化传承与新媒体推广策略研究［J］．西部广播电视，2017（20）：51－52.

［89］马文跃，姜鑫磊，张瑶，等．青岛市唐岛湾国家湿地公园的生态旅游发展对策［J］．高师理科学刊，2017（9）：48－52.

［90］仪孝法．“互联网＋”背景下渔家乐民俗旅游提档升级研

究——以山东省日照市为例［J］．黑龙江生态工程职业学院学报，2017（3）：31－32.

［91］张举文．民俗概念的形成与发展［J］．民间文化论坛，2018（1）：5.

［92］张爱苹．网络传播趋势下山东民俗旅游文化产业的传播策略［J］．电视指南，2018（13）：264.

［93］赵述强，刘传海，刘衍勇．山东半岛蓝色经济区海洋休闲体育旅游发展研究［J］．体育文化导刊，2018（12）：92－96，102.

［94］范雪峰，马应应．山东民俗艺术的产业化及品牌塑造研究［J］．旅游纵览（下半月），2018（11）：131.

［95］徐瑛，孙梦，钱梦婷全域旅游视域下舟山海岛旅游开发研究——以东极岛为例［J］．农村经济与科技，2018（8）：69－70.

［96］林宇，周慧．齐鲁民间民俗文化产业发展的优化路径［J］．开发研究，2018（4）：53－58.

［97］孔祥丽，杨倩．旅游开发视角下青岛海洋民俗文化研究［J］．旅游纵览（下半月），2018（2）：98.

［98］王丽娟，宋坤，孔德斌，等．基于乡村振兴战略背景下山东民俗艺术的创新模式与传承发展研究［J］．文学少年，2019（4）：290.

［99］梁永贤．山东省海洋旅游品牌塑造思考［J］．中国海洋经济，2019（2）：147－162.

［100］高丽，张忠楼，杨慧馨．山东民俗体育旅游发展现状与对策研究［J］．河北体育学院学报，2019（6）：35－40.

［101］董宁．“石文化＋”视域下打造乡村旅游样板策略研究——以山东泰安二奇楼村为例［J］．西部皮革，2019（11）：61－62.

［102］方荣辉．滨州市民俗旅游发展现状与创新路径探析［J］．广西广播电视大学学报，2019（2）：75－77.

［103］黄小蕾．民俗文化产业开发背景下文创设计人才培养策略［J］．人文天下，2020（3）：40－43.

[104] 王梅莉. 泰山挑山工文化的历史继承与当代发展 [J]. 民族艺林, 2020 (1): 64-71.

[105] 赵倩文. 集体记忆的延续——青岛里院建筑的居住类型以及更新保护 [J]. 工业工程设计, 2020 (2): 93-98.

[106] 伊宁. 古韵今声“数济南”——探访济南曲山艺海博物馆 [J]. 走向世界, 2020 (2): 70-73.

[107] 李勇图. 泰山“挑山工”精神的思想政治教育价值及其实现路径 [J]. 河北工程大学学报 (社会科学版), 2020 (2): 13-16.

[108] 熊佳慧, 杨梅. 青岛民俗文化因子挖掘在旅游纪念品设计中的应用 [J]. 设计, 2020 (16): 120-123.

[109] 刘铁梁, 黄永林, 徐新建, 等. “礼俗传统与中国社会建构”笔谈 [J]. 民俗研究, 2020 (6): 5-45.

[110] 杨倩, 孔祥丽. 青岛海洋民俗文化旅游发展探究 [J]. 中小企业管理与科技, 2020 (32): 46-47.

[111] 杨琦. 大运河山东段民俗文化的价值挖掘及旅游活化路径研究 [J]. 品位·经典, 2021 (4): 77-78, 105.

[112] 李萧. 珠算: 源自山东的数学智慧 [J]. 走向世界, 2021 (44): 82-85.

[113] 郑骞. 青岛海洋“新民俗”特征符号与文创产品设计研究 [J]. 侨园, 2021 (6): 64-65.

[114] 谢明英, 李文军. 中华珠算文化的又一颗璀璨明珠——记“中华珠算博物馆”[J]. 珠算与珠心算, 2021 (1): 45-50.

[115] 陈琳. 乡村园林景观规划设计研究——以周村生态体验园为例 [J]. 中国农学通报, 2021, 37 (8): 54-59.

[116] 岩本通弥, 吴薇. “民俗”概念考 [J]. 遗产, 2022 (1): 49-99.

[117] 张磊. 运河山东段民俗文化的保护与开发 [J]. 济宁学院学报, 2022, 43 (1): 46-50.

[118] 王广振，徐嘉琳，于皓宇．城市特色民居文化空间复兴研究——以青岛里院为例 [J]．民俗研究，2022 (5)：101-110.

[119] 李剑锋．论山东门笺民俗的价值多样性与传承保护 [J]．文物鉴定与鉴赏，2022 (10)：166-169.

[120] 毛恒杰．中国饮食类非遗与旅游融合发展研究 [J]．现代食品，2022 (13)：1-3.

[121] 喻峰，傅安平．"非遗"与研学融合发展的思考 [J]．江西教育，2022 (23)：4-5.

[122] 王秋雅．"体验式旅游"视角下乡村民俗旅游的开发研究 [J]．农业经济，2022 (11)：66-68.

[123] 戚露曦．青岛"里院"民宿设计的可持续发展探索 [J]．科技创新与生产力，2022 (3)：55-57.

[124] 史卫东，李秋实，乔羽．泰安市文化旅游产业融合发展对策研究 [J]．泰山学院学报，2022 (5)：56-61.

[125] 方莉，王雅茹，宋英杰．全域旅游背景下青岛里院历史文化街区保护与改造研究 [J]．居业，2023 (10)：1-3.

[126] 刘丽丽．茶文化民俗旅游的特色与创新探究 [J]．福建茶叶，2023 (8)：72-74.

[127] 郑欣．文旅融合背景下地方民俗旅游开发研究 [J]．普洱学院学报，2023 (2)：53-55.

[128] 朱贺琴．"非遗+旅游"融合发展的困境与对策 [J]．人文天下，2023 (10)：16-23.

[129] 苏丽婷，薛学义．非遗地居民文化+旅游：深度融合　双向赋能 [J]．文化产业，2023 (28)：151-153.

[130] 王元英，张桂霞．文脉传承视角下的城市更新研究——以青岛里院为例 [J]．青岛科技大学学报（社会科学版），2023 (4)：113-118.

[131] 崔小贝，房玉鑫．山东民俗体育文化的传承与保护研究 [J]．山东体育科技，2023 (1)：30-34.

［132］吴超．泰山挑山工的发展史及作用［J］．山东档案，2024（2）：24－25.

［133］刘玥．融媒体时代民俗文化传播新机遇［J］．文化产业，2024（12）：106－108.

［134］董逢威，汤晓波，葛霜，等．新时代民俗体育助力乡村振兴的机遇、价值与路径［J］．广东技术师范大学学报，2024，45（3）：79－85.

［135］何梁．铸牢中华民族共同体意识视阈下民俗文化旅游赋能乡村振兴［J］．社会科学家，2024（2）：78－85.

［136］赵洪娟，刘军华．民俗博物馆给景区带来流量和“留量”——以日照市古代民俗博物馆为例［J］．炎黄地理，2024（4）：140－142.

［137］李超．博物馆之于民俗文物宣传推广及利用的贡献［J］．收藏，2024（2）：143－145.

［138］程鹏．旅游民俗学视野下遗产旅游影像中的民俗叙事研究——以泰山旅游影像为例［J］．泰山学院学报，2024（2）：8－13.

［139］王一骏．非物质文化遗产与研学旅游融合发展路径研究——以威海市为例［J］．文化月刊，2024（3）：24－26.

［140］葛涛，梁毅，程宗宇．山东海洋旅游地节日文化景观演化、重构及影响机制研究［J］．沈阳文旅，2024（6）：94－96.

［141］王玉琦，努尔古丽·阿不都苏力．基于扎根理论的乡村旅游游客感知评价研究——以周村古商城为例［J］．西安石油大学学报（社会科学版），2024，33（2）：54－61.

［142］刘春生．以古商城为核心载体打造周村城市文化旅游品牌的路径分析［J］．农业开发与装备，2024（2）：64－66.

［143］宋嵋．传统节日文化与山东节庆旅游资源开发［D］．济南：山东大学，2006.

［144］刘爱昕．茶食与乡民礼俗生活——鲁西刘庆洪村茶食礼俗研究［D］．济南：山东大学，2008.

［145］栗晓冬．农村民俗文化建设研究［D］．济南：山东农业大学，

2009.

［146］李政．山东方志岁时民俗的文化解读［D］．青岛：山东大学，2009.

［147］仪孝法．山东日照地区渔民民俗研究［D］．青岛：山东大学，2009.

［148］张敏．论非物质文化遗产的分类［D］．杭州：浙江大学，2010.

［149］王颖．山东海洋文化产业研究［D］．济南：山东大学，2010.

［150］刘昂．山东省民间艺术产业开发研究［D］．济南：山东大学，2010.

［151］邓鑫．民俗生态旅游建筑规划设计研究［D］．武汉：武汉理工大学，2010.

［152］高昂．菏泽地方文化与旅游产业发展研究［D］．天津：天津科技大学，2011.

［153］孙文斐．青岛市乡村旅游开发研究［D］．青岛：中国海洋大学，2011.

［154］任红蕾．聊城乡村民俗文化旅游资源开发研究［D］．青岛：中国海洋大学，2011.

［155］戴瑞敏．潍坊市民俗节庆旅游开发研究［D］．昆明：西南民族大学，2011.

［156］孙炜．日照市海洋休闲体育活动方式的研究［D］．济南：山东体育学院，2012.

［157］王鹏．农村社区化进程中非物质文化遗产的保护研究［D］．济南：山东理工大学，2012.

［158］李杰．青岛海洋休闲渔业的变迁及发展策略研究［D］．青岛：中国海洋大学，2012.

［159］赵燕．莱芜市农业旅游开发研究［D］．青岛：中国海洋大学，2013.

［160］李云洁．海洋渔村民俗变迁研究［D］．青岛：中国海洋大学，2014.

［161］王乐．山东省乡村旅游发展模式研究［D］．青岛：中国海洋大学，2014.

［162］唐明．文化结构视角下的珠算研究［D］．长沙：湖南大学，2015.

［163］王斌．寿光蔬菜产业旅游发展研究［D］．济南：山东师范大学，2016.

［164］胡晋怡．山东民俗艺术体验消费研究［D］．济南：济南大学，2017.

［165］贾春颖．海洋强国建设视野下海洋民俗文化的保护研究［D］．舟山：浙江海洋大学，2017.

［166］霍艳虹．基于“文化基因”视角的京杭大运河水文化遗产保护研究［D］．天津：天津大学，2017.

［167］胡雪．明清时期鲁商研究［D］．济南：山东师范大学，2017.

［168］衣莉芹．农业会展对举办地经济发展的影响研究［D］．济南：山东农业大学，2018.

［169］董情．供给侧改革背景下章丘区休闲农业旅游发展研究［D］．桂林：桂林理工大学，2018.

［170］刘运果．山东邹城“孟子故里”之文化传播现状研究［D］．济南：山东艺术学院，2018.

［171］徐昊岳．文创视角下山东省旅游产业融合及再开发［D］．天津：天津大学，2019.

［172］张超．济南市章丘区农村文化遗产旅游发展研究［D］．济南：山东农业大学，2020.

［173］马歆宁．基于数字技术的青岛里院保护方法研究［D］．青岛：青岛理工大学，2020.

［174］江玉洁．济南民俗文创产品设计研究［D］．济南：山东大学，

2020.

[175] 张丽元. 威海市乡村旅游发展研究 [D]. 石家庄：河北科技师范学院，2020.

[176] 贾雪. 青岛里院文创产品设计研究 [D]. 青岛：青岛科技大学，2022.

[177] 杨柳. 文化生态视域下非遗传承与保护研究 [D]. 太原：山西师范大学，2022.

[178] 匡洁. 青岛国际啤酒节游客体验及对幸福感的影响研究 [D]. 青岛：青岛大学，2022.

[179] 付晓. 青岛啤酒文化集团节庆旅游营销策略研究 [D]. 哈尔滨：哈尔滨工程大学，2022.

[180] 徐冠群. 地方感视角下舟山群岛乡村民俗旅游产品开发研究 [D]. 舟山：浙江海洋大学，2022.

[181] 周晓晓. 大运河题材纪录片中民俗文化媒介建构研究 [D]. 扬州：扬州大学，2023.

[182] 李忠昊. 明清时期京杭大运河山东段居民休闲生活研究 [D]. 济宁：曲阜师范大学，2023.

[183] 李炳丽. 泰山挑山工群体的民俗志研究 [D]. 成都：西南民族大学，2023.

[184] 赵含. 山东省民俗文化档案资源建设研究 [D]. 哈尔滨：黑龙江大学，2023.

[185] 王文斌. 民俗纪录片中地域文化的立体化表达探究——以《节气山东·芒种》为例 [D]. 哈尔滨：哈尔滨师范大学，2023.

[186] 王翘楚. 饮食符号与地方建构：对“山东大葱”的民俗学考察 [D]. 济南：山东大学，2023.

[187] 朱曦. 山东章丘大葱栽培技术演变研究（1949－2022）[D]. 昆明：云南农业大学，2023.

[188] 李姿璇. 周村古商城历史文化资源的保护与利用 [D]. 南京：

南京艺术学院，2023.

[189] 冯超宇. 社会变迁背景下青岛里院空间形态演变研究 [D]. 青岛：青岛理工大学，2023.

[190] 阎之秀. 胡集书会民俗文化品牌设计与推广研究 [D]. 济南：山东工艺美术学院，2023.

[191] 唐维圣. 价值共创视角下旅游节庆品牌的认同研究 [D]. 贵阳：贵州师范大学，2024.

[192] 翟群. 我国非物质文化遗产进入全面保护阶段 [N]. 中国文化报，2010-06-03 (1).

[193] AMOS B. D. Between Intangible Cultural Heritage and Folklore [J]. Folklor/Edebiyat，2023，29 (114)：347-386.

[194] BLAKE J. From traditional culture and folklore to intangible cultural heritage：Evolution of a treaty [J]. Santander Art and Culture Law Review，2017，3 (2)：41-60.

[195] BORTOLOTTO C. From Objects to Processes：UNESCO'S 'Intangible Cultural Heritage' [J]. Journal of Museum Ethnography，2007 (19)：21-33.

[196] HAFSTEIN V. T. Intangible heritage as a festival；or，folklorization revisited [J]. Journal of American Folklore，2018，131 (520)：127-149.

[197] KIM S，WHITFORD M，ARCODIA C. Development of intangible cultural heritage as a sustainable tourism resource：The intangible cultural heritage practitioners' perspectives [M] //Authenticity and Authentication of Heritage. Routledge，2021：34-47.

[198] KUUTMA K. From folklore to intangible heritage [J]. A Companion to Heritage Studies，2015：41-54.

[199] QIU Q，ZUO Y，ZHANG M. Intangible cultural heritage in tourism：Research review and investigation of future agenda [J]. Land，2022，11 (1)：139.

附录Ⅰ

山东省市级民俗类非物质文化遗产代表性项目名录一览表

序号	地区	名称	申报地区或单位
1	青岛市	渔民开洋、谢洋节	即墨区
		民间礼俗（崂山鲅鱼礼俗）	崂山区
		东夷渔祖郎君庙会	城阳区
		海云庵糖球会	市北区
		萝卜会	市北区
		周戈庄上网节	即墨区
		天后宫新正民俗文化庙会	青岛市
		沙子口庙会	崂山区
		李村大集	李沧区
		劈柴院市井民俗	市南区
		玄阳观庙会	李沧区
		胶南泊里大集	西海岸新区
		琅琊祭海	西海岸新区
		崂山鲅鱼礼俗	崂山区
		东夷渔祖郎君庙会	城阳区
		大士寺庙会	崂山区
		灵珠山庙会	西海岸新区
		龙王节	城阳区
		即墨黄酒封坛仪式	即墨区
		崂山茶艺礼俗	崂山区
		青岛里院商住民俗	青岛市北区

续表

序号	地区	名称	申报地区或单位
2	淄博市	赶牛山庙会	临淄区
		寒衣节	临淄区
		周村古商城商贸习俗	周村区
		聚乐村四四席	博山区
		簧山庙会	淄川区
		颜文姜省亲习俗	博山区
		正月十六踩桥习俗	临淄区
		水上婚俗	桓台县
		芯子（大庄抬芯子）	博山区
		七月十五放荷灯	桓台县
		田横家宴	高青县
		博山正觉寺禅修茶道	博山区
3	枣庄市	青檀庙会	峄城区
		小孔成像	滕州市
		红山峪民俗	山亭区
		抓生习俗	滕州市
		薛城婚宴礼俗	薛城区
		正月十五蒸面灯	薛城区
		运河渔灯节	台儿庄区
		送祝米	薛城区（陶庄镇）
		中陈郝庙会	薛城区（邹坞镇）
		二月二围仓龙	薛城区（周营镇）
		千山头庙会	薛城区（陶庄镇）
		薛城打春公鸡、春娃娃	薛城区（周营镇）
		打春牛	峄城区
		闵子骞孝道	滕州市
		运河渔灯节	台儿庄区
		赏石艺术（李岭赏石艺术）	市中区

续表

序号	地区	名称	申报地区或单位
4	烟台市	鲁菜烹饪技艺	烟台市福山烹饪协会
		鲁菜烹饪技艺	烟台市烹饪餐饮行业协会
		东海神庙祭祀活动	莱州市文化馆
		渔灯节	开发区文化馆
		登州海市文化	蓬莱区文化馆
		长岛显应宫妈祖祭祀大典	长岛综合试验区文化文物服务中心
		祭海	海阳市文化馆
		毓璜顶庙会	烟台市园林建设养护中心
		燕九节	栖霞市文化馆
		蓬莱阁庙会	蓬莱区文化馆
		莱阳豆面灯碗习俗	莱阳市文化艺术中心
		胶东花饽饽习俗	烟台市文化馆
		胶东花饽饽习俗	栖霞市文化馆
		胶东花饽饽习俗	牟平区文化馆
		胶东花饽饽习俗	莱州市昭泰食品有限公司
		胶东花饽饽习俗	莱山区文化馆
		莱山区文化馆（招远花饽饽习俗）	招远市艺晟园花饽饽食品有限公司
		莱山区文化馆（黄县花饽饽习俗）	龙口市文化艺术中心
		莱山区文化馆（海阳花饽饽习俗）	烟台市玫豆手工面食有限公司
		莱山区文化馆（蓬莱花饽饽习俗）	烟台市蓬莱区冠亚面食店
		莱山区文化馆（莱阳花饽饽习俗）	莱阳市文化艺术中心
		跑灯官	海阳市文化馆
		胶东面磕子习俗	莱阳市文化艺术中心
5	威海市	渔民节祭祀仪式	荣成市
		祭祀海神娘娘仪式	荣成市
		成山祭日	荣成市
		荣成海带食俗	荣成市
		草庙子大活报	临港市

续表

序号	地区	名称	申报地区或单位
5	威海市	胶东沿海八仙筵席	荣成市
		文登活报	文登区
		春分习俗	文登区
		胶东四合院民居习俗	荣成市
6	日照市	庙会（浮来山庙会、屋楼崮山会、柴鹿府庙会）	浮来山镇文化站、店子集镇政府、许孟镇文化站
		饮食习俗（岚山头煎饼、碑廓锅饼、东莞李氏熏肉、许孟烧烤、涛雒羊肉面）	岚山头街道、碑廓镇、东莞镇政府、五莲县文化馆、涛雒镇文化站
		莒人土地崇拜习俗	莒县文化馆
		峤山丧葬习俗	莒县国土资源局
		莒县节日习俗（春节、元宵节、二月二、清明节、端午节、六月六、七夕节、中元节、中秋节、重阳节）	莒县文化馆
		饮食习俗（五莲煎饼、五莲豆腐）	五莲县文化馆
		庙会（五莲山庙会）	
		夏庄人生礼俗（婚俗）	莒县夏庄镇
		渔民节	日照经济开发区北京路街道
		峤山庙会	莒县峤山
		太阳崇拜	东港区两城镇
		安东卫商号	岚山区安东卫街道
		人生礼俗（五莲民间生日习俗）	五莲县文化馆
		节日习俗（黄墩闹春牛）	黄墩镇文化综合服务中心
		五莲喜文化习俗	五莲县文化馆
		日照八大碗民俗宴席	日照市文化馆（日照市非物质文化遗产保护中心）
		槫椤叶粽子饮食习惯	日照市文化馆（日照市非物质文化遗产保护中心）
		日照太阳节	日照东方太阳城文化旅游研究院有限公司
		成家廒头鱼灯文化习俗	东港区文化活动和文物保护中心

续表

序号	地区	名称	申报地区或单位
7	潍坊市	安丘婚礼	安丘市金冢子镇文体服务中心
		孙膑崇拜	昌邑市文化馆
		羊口祭海节	寿光市文化馆
		云门山庙会	青州市非物质文化遗产保护中心
		灵山庙会	坊子区非物质文化遗产保护中心
		枳沟庙山庙会	诸城市文化馆
		沂山祭祀文化	沂山风景区管理委员会
		景芝大集	安丘市景芝镇文体服务中心
		寿光礼仪习俗	寿光市文化馆
		崇山拴孩子习俗	昌乐县非物质文化遗产保护中心
		庙会（金山庙会）	昌乐县非物质文化遗产保护中心
		庙会（雹泉庙会）	安丘市雹神邹氏水业有限公司
		李莪华庙会	寿光民间文艺家协会
		生产习俗（寿光蔬菜生产习俗）	寿光蔬菜产业控股集团公司
		青州宣卷	青州市非物质文化遗产保护中心
		老师父信仰	潍城区文化馆
		庙会（浮烟山庙会）	潍城区文化馆
		年俗（龙池年俗）	昌邑市文化馆
		婚俗（昌邑传统婚俗）	昌邑市大江文化传媒有限公司
		民间信俗（玉皇会）	昌邑市非遗保护中心
		庙会（海浮山庙会）	临朐县文化馆
		潍坊北海民俗祭海节	潍坊滨海经济技术开发区 北海民俗文化发展研究中心
		下营祭海节	下营镇政府
		大家洼天后宫民俗庙会	山东裕源集团有限公司
		沂山庙会	临朐县文化馆
		生产习俗（潍县萝卜种植习俗）	寒亭区固堤街道 魏老汉果蔬专业合作社

续表

序号	地区	名称	申报地区或单位
8	东营市	红光祭海仪式	垦利区
		盖土屋	垦利区
		赶场	垦利区
		西双河大集	垦利区
		友林大集	垦利区
		王王庄庙会	垦利区
		《裴氏世谱》	垦利区
9	滨州市	胡集书会	惠民县
		火把李庙会	惠民县
		洪福园庙会	博兴县
		碣石山古庙会	无棣县
		灵霄阁庙会	阳信县
		秦皂台庙会	滨城区
		雕窝屿山会	邹平县
		衛沽妈祖宝辇	天津恒兴客运有限公司
		祭海仪式	无棣县文化馆
10	德州市	河灯节	平原县文化馆
		恩城鸽子会	平原县文化馆
		恩城鸽子会	宁津县文化馆
		祭董大典	天衢新区
		糜镇二月二簸箩节	德州市陵城区文化馆
		中国·德州董子文化街庙会	德州董子文化街 文化产业发展有限公司
		糜镇陆乡文化观象授时	德州市陵城区文化馆
11	聊城市	聊城山陕会馆庙会	聊城市博物馆
		（消费习俗）聊城铁公鸡制作技艺	东昌府区
		（消费习俗）东昌府沙镇呱嗒制作工艺	东昌府区
		（消费习俗）临清济美酱园“甜酱瓜”制作工艺	临清市

续表

序号	地区	名称	申报地区或单位
11	聊城市	（消费习俗）莘县燕店范家烧鸽制作技艺	莘县
		（消费习俗）莘县房氏康园肉饼制作技艺	莘县
		（消费习俗）莘县古城镇鸳鸯饼制作技艺	莘县
		（消费习俗）阳谷吊炉小烧饼制作技艺	阳谷县
		（消费习俗）高唐老豆腐制作工艺	高唐县
		东阿位山撒河灯	东阿县
		花姑节	高唐县
		歇马亭庙会	临清市文化馆
		鲁义姑庙会	茌平县韩屯镇文化站
		东古城泰山奶奶庙会	冠县文化馆
		托山圣母古庙会	冠县文化馆
		消费习俗（义安成高氏烹饪技艺）	东昌府区
		消费习俗（清平糖藕手工技艺）	高唐县
		消费习俗（临清进京腐乳制作技艺）	临清市
		消费习俗（珍馐园清真肉食）	冠县
		消费习俗（杜郎口豆腐皮制作技艺）	茌平县
		消费习俗（手工空心挂面制作技艺）	茌平县
		消费习俗（伊尹养生宴）	莘县
		婚俗（聊城花轿婚礼）	聊城市文化馆
12	泰安市	泰山石敢当习俗	泰安市泰山风景名胜区管理委员会
		泰山东岳庙会习俗	泰安市旅游协会
		泰山封禅与祭祀习俗	泰安市泰山风景名胜区管理委员会
		桃木雕刻民俗	肥城市非物质文化遗产保护协会
		七月十五放河灯	岱岳区文化馆
		宁阳彩粽及送彩粽习俗	宁阳县文化馆
		宁阳斗蟋	宁阳县文化馆
		宁阳四八宴席与酒礼	宁阳县文化馆
		开口笑水饺	肥城非物质文化遗产保护协会

续表

序号	地区	名称	申报地区或单位
12	泰安市	宁阳神童山梨花会	宁阳县文化馆
		东岳大帝与碧霞元君信俗	泰安市艺术馆
		谷里八顶八	新泰市文化馆
		泰山豆腐宴食俗（豆腐传统制作技艺）	泰安市泰山东岳豆腐宴研究院
		泰山封禅御宴	泰安市泰山行宫御宴文化研究院
		泰山祭祀习俗	泰安市艺术馆
		泰山八赶八筵席	泰安市传统食品协会
		泰安方言	泰安市泰山石敢当研究院
		泰山婚礼习俗	泰山区文化馆
		泰山玉习俗	泰安市艺术馆
		泰山玉习俗	岱岳区文化馆
		泰山孝道习俗	岱岳区文化馆
		泰山丧葬习俗	岱岳区文化馆
		泰山庆生习俗	岱岳区文化馆
		汶阳田农耕文明	岱岳区文化馆
		泰山年俗（正月十五上灯习俗）	泰安市岱岳区文化馆
		宁阳婚礼习俗文化	宁阳县文化馆
		泰安老地名	泰安市奉高文化研究院
		泰山挑夫民俗	市直
		泰山十全席	市直
		泰山祈福喜馍馍习俗	泰山区
		泰安老四样	岱岳区
		泰山茶道	岱岳区
		刘氏“吃喝碗”	东平县
		泰山四八宴民俗	市直
		肥城桃木桃符制作民俗	肥城
		五埠伙大门居住民俗	肥城

续表

序号	地区	名称	申报地区或单位
13	济宁市	庙会（伏羲庙会）	邹城
		孔府菜烹饪技艺	曲阜市
		孔府家酒酿造技艺	曲阜市
		玉堂酿造技艺	济宁市文化局
		请猴	兖州市
		峄山会	邹城市
		岳飞祭典	嘉祥县
		祭孔大典	曲阜市
		蚩尤文化	汶上县
		微山湖漂汤鱼丸	微山县
		桂花炒糖	微山县
		续家谱仪式	微山县
		微山湖渔具	微山县
		漕河斗蟋蟀	兖州市
		孔府婚俗	曲阜市
		始祖文化	曲阜市
		九仙山庙会	曲阜市
		孔子世家谱	曲阜市
		孟氏家谱	邹城市
		托板豆腐	任城区
14	菏泽市	仿山山会	菏泽市定陶区文化馆
		桃源花供	曹县桃源花供协会
		曹州牡丹花会	牡丹区文化馆
		梁王庙庙会	成武县文化馆
		丧事礼俗（享糖贡献礼）	东明县文化馆
		瓦堌庙庙会	成武县文化馆
		东岳天齐庙会	巨野县文化馆
		马神庙会	单县文化馆

续表

序号	地区	名称	申报地区或单位
14	菏泽市	黄河水神	菏泽市中华文化促进会
		肖堌堆庙会	郓城县文化馆
		沙窝庙会	东明县文化馆
		吉祥寺庙会	成武县文化馆
		尧陵祭尧大典	鄄城县文物管理所
		菏泽斗羊	菏泽市牡丹区文化馆
15	临沂市	白塔街三月三庙会	河东区
		三官庙庙会	河东区
		郯城徐氏祖陵祭祀文化	郯城县
		丰阳香山庙会	平邑县
		蒙山喜宴	平邑县
		塔山玉皇庙庙会	费县
		指动石庙会	费县
		刘洪珠算文化	蒙阴县
		送火神	沂水县
		丰阳庙会	平邑县
		临沂巨龙山王母宫三月三、九月九庙会	费县
		柳老爷庙会	临沭县
		塔山玉皇庙庙会	费县
		兰陵朗公寺庙会	兰陵县
		徐姓祖陵祭祀文化	郯城县
		颛臾故国主祭蒙山	蒙山旅游区
		沂蒙传统婚俗	沂水县
		燕翼堂八八宴席	蒙阴县
		费县伏羊节的习俗	费县
16	济南市	千佛山庙会	历下区
		碧筒饮	济南天下第一泉风景区管理中心
		趵突泉新春花灯会	历下区

续表

序号	地区	名称	申报地区或单位
16	济南市	祭荷神、放荷灯	历下区
		老济南叫卖	历下区
		珠算文化	市中区
		大观园晨光茶社	市中区
		柳埠媳妇宴	南山区
		孝堂山庙会	长清区
		马山三月三庙会	长清区
		女郎山庙会	章丘区
		章丘铁匠生活习俗	章丘区
		孟氏“祥”字号商号民俗	章丘区
		中元节习俗	莱芜区
		孔子与莱芜葬礼	莱芜区
		祭灶习俗的陈楼糖瓜备注：陈楼糖瓜制作技艺	莱芜区
		搬龙王	莱芜区
		回民经纪行话	莱芜区
		小年糖瓜祭灶习俗	莱芜区
		莱芜八顶八宴席	莱芜区
		亓家宴	莱芜区
		文峰山会	莱芜区
		玉皇山庙会	莱芜区
		汶阳庙会	莱芜区
		庙会（香山庙会）	莱芜区
		棋山庙会	钢城区
		商河梁王冢庙会	商河县
		少岱山庙会	平阴县
		黄石公祭祀活动	平阴县
		云台山庙会	济南市文化馆（济南市非物质文化遗产保护中心）

注：本表根据山东省各市政府网站公开信息编制。

附录Ⅱ

山东省 17 条非遗特色旅游线路名单

▶“泉·民艺”非物质文化遗产特色旅游线路

历下区济南府（锡雕、木版年画、陈葫芦镶锡雕刻技艺等）——历城虞山书院（体验中国古建筑风格及中国传统家具榫卯结构等，桥氏木作技艺、旗袍制作技艺、手捏陶制作技艺、济南喜面鼻烟制作技艺）——翼想空间非物质文化遗产传承基地（体验书法、泥塑、面塑、剪纸、古琴等）——山东现林石磨（石磨文化馆）——济南章丘葫芦缘家庭农场（体验葫芦雕刻，赏葫芦、品葫芦、玩葫芦、研葫芦、种葫芦）——章丘德功黑陶（体验黑陶烧制技艺）——莱芜多福砚博物馆——莱芜凤王祥锡雕店铺（观看、体验锡雕技艺，购买产品）——莱芜五福茶业（了解干烘茶制作技艺，参观干烘茶茶园）

▶岛城滨海非物质文化遗产特色旅游线路

琅琊台（登山观海，漫步秦始皇御道，聆听徐福传说和琅琊台传说）——阿朵花屿（体验汉服，逛非物质文化遗产商店）——琅琊瓷博物馆——麦草画技艺博物馆——胶南年画博物馆——青岛贝雕展览馆——燕岛山（螳螂拳传习基地）——八白散体验馆——崂山书院（了解书法、绘画、剪纸、扎染、二十四节气养生茶、陶艺等）——万里江茶文化园（崂山茶博物馆，品尝、炒制崂山茶）——崂山太清宫（崂山道教音乐）——王哥庄街道（感受依山傍海的乡村之美）——晓阳春茶礼俗展示体验基地——何家村（崂山面塑、铁锅大馒头）——雄崖所古城（参观海防博物馆，了解传统造船技艺）——田横岛（田横祭海节、田横八百

壮士传说）

▶博山陶琉非物质文化遗产特色旅游线路

爱美琉璃非物质文化遗产工坊（琉璃烧制体验）——陶瓷琉璃艺术中心（琉璃艺术品展示，住宿餐饮，伴手礼选购）——颜神古镇（非物质文化遗产街区，44 个非物质文化遗产项目入驻）——雨点釉研究所（现场拉坯，伴手礼购买）——金祥琉璃非物质文化遗产传习所（琉璃烧制全环节观摩，参观古今琉璃博物馆）——康乾琉璃艺术博物馆（鸡油黄琉璃博物馆）——老颜神美食古街（传统博山美食小吃、糕点伴手礼）——金益德非物质文化遗产观光工厂（非物质文化遗产工厂、方言文化体验、糕点伴手礼）

▶台儿庄古城非物质文化遗产特色旅游线路

台儿庄古城西门——鲁南皮影戏、谢裕大茶行高派山东快书（大衙门街）——柳琴戏、鲁班锁（船型街）——扎染、木版年画（月河街）——世界名人木雕博物馆（箭道桥西侧）——景泰蓝、齐村砂陶（箭道街）——柳编、鲁绣（台湾街）——火龙钢花（复兴广场）

▶“黄河入海　韵味东营”非物质文化遗产特色旅游线路

“杨庙·黄河里”乡村微度假景区（内设有文创非物质文化遗产、民俗广场等功能板块）——佛头黑陶研究所（黑陶收藏馆、民俗展览馆、陶艺展示馆、陶艺体验馆等）——东王泥陶馆（泥陶制作技艺展示、体验、教学）——留年旗袍玄绣坊（旗袍制作技艺展示体验）——邵家草编工坊（黄河口草编制作技艺展示体验）——草木间植物染坊（手工染制技艺展示、展销）——军马酒厂（黄河口特色的酒文化）——黄河口罗布麻茶厂（观察罗布麻生长形态，了解制茶过程，品茶）

▶“仙境海岸　鲜美烟台”非物质文化遗产特色旅游线路

蓬莱仙境非物质文化遗产工坊街（了解蓬莱八仙葫芦、蓬莱面塑等项目）——蓬莱阁（品古阁风韵，寻八仙过海传说，赏海市蜃楼奇观）——烟台市非物质文化遗产体验馆（烟台剪纸、莱州毛笔等）——所城里历史文化街区——烟台山——张裕酒文化博物馆——北极星钟表文化博物馆——养马岛——菜根香非物质文化遗产基地——昆嵛山

▶ **“齐鲁寻遗　古韵潍州”非物质文化遗产特色旅游线路**

杨家埠民间艺术大观园（风筝博物馆、年画博物馆、年画作坊、民俗馆等数十个景点和展厅，体验风筝扎制、年画印刷、传统民俗）——十笏园非物质文化遗产空间（潍坊风筝、年画、陶艺、泥塑等）——风筝博物馆——齐鲁文化（潍坊）生态保护区传承教育实践基地（手工艺产品、地方特色美食、丝织刺绣等展销）

▶ **“文华高密　薪火相传”非物质文化遗产特色旅游线路**

树花扑灰年画艺术馆（对比明清时期与现代扑灰年画，体验扑灰年画绘制）——红高粱艺博园（泥塑、剪纸、木版年画、高密半印半画、黑陶等）——泥塑产学研基地（聂鹏泥塑工坊、泥塑艺术馆、昌盛泥塑非物质文化遗产工坊等，体验泥塑制作）——上德文化大红纸体验馆（高密大红纸制作工艺）——地龙武馆（高密地龙经拳）——红高粱小镇非物质文化遗产空间（参观非物质文化遗产街、茂腔大舞台、美食街、文创馆等，观看茂腔演出，体验泥塑、剪纸、扑灰年画、面塑、核雕、黑陶、大漆、菜刀等非物质文化遗产项目，与非物质文化遗产传承人交流）

▶ **“乡约泉源　泗水寻芳”非物质文化遗产特色旅游线路**

等闲谷艺术粮仓（爬夹山，游粮仓，品艺术）——阅湖尚儒研学基地（游龙湾绿道，观龙湾日出，购非物质文化遗产文创，体验制陶、扎染、剪纸、木工等）——泉林（赏泉林72泉，学诗文，品红鳟鱼、御蛋）——泗水滨（听泗河故事，游康乾诗文文化长廊，赏泗河美景）——泗水砭石博物馆（砭石文化、砭石制作技艺）——柘沟陶文化

园（鲁柘砚制作技艺、柘沟民间制陶工艺，购买儒陶、鲁陶、柘沟大缸等文创产品）

▶“桃乡茶韵”非物质文化遗产特色旅游线路

肥子茶园景区（采茶、品茶，参观古法制茶技艺，学习茶艺文化，山地露营）——中国桃文化博物馆（桃木雕刻工艺品，购买桃文化文创）——五埠岭伙大门景区（参观非物质文化遗产工坊、乡村记忆馆，体验伙大门传统民居文化、农耕民俗文化，品尝“四大件”传统美食）

▶“寻梦海洋　自在荣成”非物质文化遗产特色旅游线路

东楮岛村（参观海草房、体验海草民宿）——东楮岛海洋科普教育基地（品海鲜，游玩海洋牧场）——东墩村（参观石岛民俗馆、谷牧旧居）——盛家村（体验盛家火烧制作工艺，制作渔家美食）——赤山（观石岛民俗馆、赤山非物质文化遗产创客中心，体验胶东花饽饽、剪纸等制作技艺）——车脚河（游览花村、国学堂、体验禅意民宿）——大鱼岛文化体验馆（体验传承渔家锣鼓等渔家文化）——牧云庵（游览画村，体验民俗文化）——好当家海参博物馆（海参制作技艺）——荣成海洋食品博览中心（参观专题非物质文化遗产馆，品特色海洋食品）——荣成青少年宫（参与非物质文化遗产体验）——荣成博物馆（参观渔家傲展馆、郭永怀事迹陈列馆）——滨海公园（赶海拾贝，净滩活动）——大庄许家村（参观海带馆、海草房）——烟墩角（游天鹅湖、品渔家宴）——大天鹅科普馆——海驴岛（游览海上仙山，鸥鹭王国）——成山头（观看秦始皇东巡实景演艺，参与成山头吃会）

▶“经山历海品茶渔”非物质文化遗产特色旅游线路

官草汪“岚山风物”展示体验馆（体验贝壳画、岚山煎饼、岚山豆腐等非物质文化遗产、手造制作乐趣）——多岛海休闲垂钓基地（享垂钓之乐，感鱼拓魅力）——岚山区文化服务中心（手工制陶、榫卯、农民画）——磴山风景区（看“磴山春晓”景观，聆听古老传说）——守望者茶馆、茶乡稻场（体验乡野饮茶意趣）——碧波茶庄（多功能一体茶文化服务中心）——茶文化博物馆（了解南茶北引历史进程）——圣谷山1966茶博园（非物质文化遗产工坊、茶书房、茶展览馆）——小茶山、盐茶古道（体验民宿、茶文化研学）

▶“游书圣故里　品琅琊古韵”非物质文化遗产特色旅游线路

王羲之故居（游故居，参观、购买晋墨坊的毛笔和墨）——王氏熟梨展馆（参观熟梨展馆、品尝王氏熟梨）——小商品城（弥光文化的琅琊剪纸体验、购买剪纸文创产品）——临沂市天泽木文化博物馆（参观木文化展馆；体验传拓制作技艺）——沂州里（参观特色街区夜景、沂州礼非物质文化遗产文创馆、乾和果子铺非物质文化遗产工坊）——新琅琊（参观新琅琊、夜游沂河）

▶“与运河牵手　寻非物质文化遗产明珠”非物质文化遗产特色旅游线路

宁津杂技蟋蟀谷（看大型杂技情景剧《大刀传奇》）——德州中医药博物馆——董子文化街（参观、购买黑陶、陶瓷印章、木刻、漆画等20余项非物质文化遗产产品）——梁子黑陶博物馆（体验黑陶制作技艺）——红绿彩博物馆（参观、购买红绿彩陶瓷）——奥德曼葡萄酒庄园（品尝、购买耆红加烈葡萄酒）——武城古贝春酒厂（参观酒文化博物馆，体验传统白酒酿造技艺）——神龙地毯博物馆——禹王亭博物馆（聆听大禹治水传说）——中国驿·泉城中华饮食文化小镇（品尝中国各地非物质文化遗产美食）——齐河大地自然博物馆群

▶“两河明珠　水城遗韵”非物质文化遗产特色旅游线路

中华水上古城非物质文化遗产集聚区（逛东昌府木版年画博物馆、东昌葫芦博物馆、东阿阿胶博物馆，购买东昌毛笔、牛筋腰带、魏氏熏鸡等

非物质文化遗产产品）——义安城鲁菜馆（品尝琉璃丸子）——山陕会馆（感悟商业文化，领略古建之美，欣赏戏曲演出）——范怀梦烧鸽店（品尝范怀梦烧鸽）——聊城市杂技团（观看聊城杂技演出）——东阿阿胶城——阿胶博物馆——东阿阿胶体验工厂（体验阿胶养生文化）——鱼山（忆曹植，闻梵呗）——临清魏家湾贡砖文化产业园（体验临清贡砖烧制技艺）——临清市博物馆（感受运河古城历史文化变迁）——临清运河钞关（了解税史文化）——鳌头矶（登临此处，独占鳌头）——舍利宝塔（领略运河四大名塔风采）

▶“渤海之滨承古韵　黄河之州绽芳菲”非物质文化遗产特色旅游线路

滨州黄河楼（登黄河楼、赏黄河风景，体验滨州民间剪纸）——惠民魏氏庄园（游城堡式庄园，听曲艺，体验惠民泥塑）——博兴草柳编产业园（参观、体验、购买草柳编编织制品）——无棣贝瓷生活馆（参观贝瓷展览，体验贝瓷烧制技艺）——沾化文化古城景区（游古城，听曲艺，体验泥陶、蓝印花布、剪纸等技艺）——阳信庙五庄村鼓子秧歌广场（游秧歌广场，观看、体验阳信鼓子秧歌）——邹平孙峪村酸浆豆腐传习所（参观、体验酸浆豆腐制作技艺）。

▶“曹州古韵　魅力菏泽”非物质文化遗产特色旅游线路

菏泽市地方戏曲传承展示中心（参观戏剧演出，体验戏剧道具，购买戏剧文创）——曹州曲艺厅（欣赏坠子、莺歌柳书等）——菏泽非物质文化遗产传承馆（参观非物质文化遗产展厅，利用 AR 技术体验非物质文化遗产）——曹县云龙木雕（参观曹县木雕非物质文化遗产工坊，体验技艺，欣赏、购买产品）——曹县原创汉服基地（汉服文化展示，产品购买）——曹县万亩荷塘景区非物质文化遗产展厅——曹县江米人传习所（体验曹县江米人制作，购买非物质文化遗产文创）